青少年沙滩排球运动员训练方法指导用书

QINGSHAONIAN SHATAN PAIQIU
YUNDONGYUAN XUNLIAN FANGFA ZHIDAO YONGSHU

沙滩排球编审委员会　编

北京体育大学出版社

策划编辑：钱春华
责任编辑：韩培付
责任校对：姜艳艳
版式设计：李　鹤

图书在版编目（CIP）数据

青少年沙滩排球运动员训练方法指导用书 / 沙滩排球编审委员会编. -- 北京 : 北京体育大学出版社, 2021.4
ISBN 978-7-5644-3108-2

Ⅰ. ①青… Ⅱ. ①沙… Ⅲ. ①青少年－沙滩排球运动－运动训练 Ⅳ. ①G842.2

中国版本图书馆CIP数据核字(2019)第004368号

青少年沙滩排球运动员训练方法指导用书　　**沙滩排球编审委员会　编**

出版发行：北京体育大学出版社
地　　址：北京海淀区农大南路1号院2号楼2层办公B-212
邮　　编：100084
网　　址：http://cbs.bsu.edu.cn
发 行 部：010-62989320
邮 购 部：北京体育大学出版社读者服务部 010-62989432
印　　刷：北京虎彩文化传播有限公司
开　　本：880mm × 1230mm　1/32
成品尺寸：148mm × 210mm
印　　张：3.5
字　　数：94千字
版　　次：2021年4月第1版
印　　次：2021年4月第1次印刷
定　　价：40.00元

编审委员会

主　任：李全强

副主任：于光岩　向　前

主　编：钟秉枢

副主编：刘　冰　陆卫平

编　委：（按姓氏笔画排名）

王　菲　王骏昇　孟光云　潘迎旭

摄影及图片编辑：周砥坚

前 言

2016年国家体育总局青少年体育司和排球运动管理中心以提升沙滩排球项目可持续发展质量、改进后备人才培养为目的，多次组织全国专家、学者、教练员召开座谈会，研讨制订了《中国青少年沙滩排球教学训练大纲》（以下简称《大纲》）。《大纲》根据沙滩排球项目特征与规律、青少年沙滩排球运动员培养目标与指导思想、青少年身心发育和身体素质发展特点等，提出了具体的训练内容、考核方案及评价标准，力图实现训练目标精确化、训练任务合理化、训练方法科学化、考核评价公正化。

《青少年沙滩排球运动员训练方法指导用书》在《大纲》指引下，对《大纲》的训练内容、考核方案进行了具象化，根据青少年成长规律阐明了总的训练理念和训练原则，遵照沙滩排球技战术特点、体能需求、比赛规则、风向运用等项目特色，从理论到实践，介绍了大量技战术和体能训练方法，解释了为什么练、练什么、怎么练的问题，分享了训练计划制定的方法和案例，力求让青少年教练员看得懂、方便用，以帮助运动员获取科学的训练方法和训练手段，从而丰富教学内容、提升训练效率。

本书为各级各类体育运动学校、业余体校和沙滩排球传统项目学校提供了丰富、科学、多元的训练方法体系，将对提高我国青少年沙滩排球后备人才的培养水平起到推动和促进作用。

编制《青少年沙滩排球运动员训练方法指导用书》遵照了先进性、科学性、实用性的原则，吸收了全国专家、学者、优秀沙滩排球教练员的宝贵经验。希望本书能够为全国青少年沙滩排球运动员的训练提供科学指引和参考。书中如有考虑不周的问题，欢迎读者批评指正！

中国排球协会

目录

Contents

第一章　青少年沙滩排球教练员训练理念

训练理念是教练员在亲身体验基础上，对竞技体育和运动训练活动的内在本质、规律和价值及价值实现途径的理性认识的集中体现，是为完成训练目的、训练任务所确立的直接指导实践的思想和持有的基本态度和观念。可以说训练理念是教练员进行训练的“世界观”或训练的“指导思想”，它从宏观上把握训练的方向，在总体上控制训练的进程，是运动训练中所形成的训练实践的内在动力和理想的观念体系。

一、训练理念在训练实践中的地位与作用

训练理念是教练员进行训练实践超前的理论设计，是对正在进行或将要进行的实践活动过程的一种超前性的反映和把握。训练理念来源于对运动训练理论和训练实践的认识，它又反作用于训练实践。没有训练理念，理论和实践就会脱节，训练也就只能停留在理论层面上，没有太大的实践指导意义，而训练实践也容易陷入个人经验主义和主观主义的泥潭。

青少年沙滩排球运动水平的高低首先取决于训练质量和效果。训练的效果则取决于教练员的执教行为和运动员的训练态度，教练员的执教行为和运动员的训练态度则由他们所形成的训练理念所决定的。不同的训练理念，形成不同的战术打法和风格特点，决定训练方法和手段的选用，影响训练的质量和效果。在影响因素极其复杂的沙滩排

球训练中，如果对训练规律和特点认识不清，就可能被错误的训练理念所误导，产生不正确的训练行为。反之，如果对训练规律的总结和归纳正确，良好的训练理念会为运动训练提供指导性的方法手段，使训练达到最佳的效果。

沙滩排球运动是一项隔网对抗性很强的运动项目，运动员只有在比赛中充分发挥出沙滩排球运动快速多变、攻防兼备、全面准确的竞赛特点，方能制胜对方。这就要求教练员必须充分了解排球运动的特征和规律、科学地制订和执行训练计划、合理安排训练内容及负荷、及时调控运动员竞技状态和训练效果、了解训练恢复手段和合理饮食均衡营养等知识，形成符合运动训练实际需要的综合能力。青少年训练的主要任务是打好扎实的基础，学习和掌握沙滩排球的各种基本技战术，培养良好的心理素质，根据运动员自身的特点形成一定的技战术风格，进而在比赛中发挥出自己的竞技水平，取得优异的比赛成绩。青少年运动员因其自身的生理结构和心理等方面的特殊性，在沙滩排球运动训练内容过程中也表现出一定的特殊性，要求教练员能够运用遗传学、运动生理学、运动生物化学等多学科知识对运动员身体发育、身体生理机能、身体素质机能、神经系统和心理特征等指标进行综合测定，使训练方法和手段更具针对性。在训练实践中训练理念还具有如下作用。

（一）总结作用

在寻求训练方法，形成训练理念的过程中，人们会有意无意地总结竞技体育史上的训练经验和自己的训练经验。这种总结能够促进人们对训练问题和训练规律的理解与把握，增强教练员的专业思维能力，特别是反思的意识与能力。训练理念往往就是对成功训练经验特别是自己的成功经验的高度概括和系统化总结，进而达到训练理念的理论化、程序化。

（二）激励作用

训练理念是对训练实践坚定不移的判断和看法，其中不仅蕴含着人们的理性智慧，还凝聚着人们对竞技体育的价值期望与情感、热情及富有挑战的激情。所有这些都感染和激励人们去为达成训练理念的目标而努力。

（三）指导作用

训练理念是教练员训练行为的指南，它约束着人们规避与训练理念相悖的行为，指导人们进行与训练理念相符的训练实践，它能将人的智慧与行为集中于训练理念所指引的方向。没有正确的训练理念，便没有符合规律的训练实践，便不会达到理想的训练目标。

（四）创新作用

训练理念在某种意义上也是一种创新或新的观点。不论是寻求训练理念的过程，还是训练理念确立后的行动都能引导人们破旧立新，去寻求或追求更准确、更完美的理论，追求更高的价值和更科学、更有效的训练方法与手段。

（五）代表作用

训练理念是一个人训练的观念、观点和训练经验的浓缩，也是一种训练理论和训练思想的涵盖。要学习和总结一个人的训练经验或一种训练理论、训练模式的核心内容，首先应从训练理念入手。

二、训练理念与训练实践的关系

训练理念是训练实践的内在动力，训练方法与手段的改革与进步必须以理念的突破和更新作为先导。训练理念是竞技体育运动项目的训练之母，训练理念对整个训练过程有着重要的导向作用。正确先进的训练理念会对运动训练提出根本性的指导性方针政策，使训练收到最佳的效益。在一定意义上，训练理念决定球队的风格、发展趋势、技战术特征等，最终决定着运动成绩。

理论指导实践是一个转换过程，这个转换过程必须要有中介，这个中介就是“实践观念”。所谓实践观念，就是实践主体在现实的实践活动展开之前建构起来的关于未来实践活动的一种观念、理想蓝图和行动计划，也就是对未来或正在进行的实践活动的目的、条件、方法、手段、途径、措施过程和产物的一种超前性的观念反映，是直接指导实践活动的一种实践性、主体性、意向性很强的观念和理性。人类的实践活动是在理论指导下自觉能动地改造世界的创造性活动。

训练理念是“实践观念”的具体化，是一种在形成对运动训练理论理性认识和亲身体验的基础上为直接指导和支配人们运动训练实践活动而产生的观念和看法，是运动训练理论指导实践的中介，是具体运动训练实践的“预演”。

训练理念具有可操作性，它不是抽象的、虚幻的，而是全面、具体、现实的，表现为可操作、可实施的计划方案等，它反映了训练主体变革训练客体时，应该“怎么做”和“如何做”，是训练实践活动中的具体规范要求。

教练员训练理念在训练实践中主要体现在促进人的全面发展、促进运动员个性和创造力的发展、运动选材理念、运动员智能的培养、运动员社会适应能力的培养、先进训练理念的学习和借鉴、科学化训练的观念、人体身心发展的阶段性特征、对项目特征和规律的认识、对项目所需心理条件的认识和训练计划与周期等方面。在运动训练具体操作过程中则主要通过调节训练氛围、制定训练任务目标、正确使用训练手段与方法、控制训练强度与负荷、训练恢复与调节、训练的指导方式、训练效果的评定、训练实践的反思等方面来实现。

训练理念创新是沙滩排球教练员工作的灵魂，回顾沙滩排球运动的发展历程，始终伴随着技战术打法的不断创新。高水平竞技体育活动是向人类自身极限的一种挑战，若想突破旧的领域，攀登新的高峰，不可能有现成的、拿来就适用的经验和立竿见影的灵丹妙药。这就要求沙滩排球教练员必须具备强烈的创新精神，深入分析、研究国内外沙滩排球技战术发展趋势，结合训练工作实际，准确把握沙滩排球发展的正确思路，设计合理可行的技战术方案，开创性地进行训练工作。

三、建立和完善正确的训练理念

（一）严格训练与快乐体验相结合

我们知道，严格训练、精雕细琢是提高竞技体育水平的必由之路，但针对青少年活泼、充满生气、好奇心强的特点，可以采用灵活新颖、多样化的训练手段和方法来激发他们的兴趣。兴趣是积极探究某种事物的心理倾向，是非智力因素中最活跃的因素，也是影响运动员训练自觉性和积极性的重要因素。

美国沙滩排球著名运动员凯拉里曾介绍过，小时候他被阳光、白云下的美丽海滩所吸引，无忧无虑地在沙滩上奔跑、游戏、打球，充分享受大自然带来的快乐，由此爱上了沙滩排球。从沙滩排球运动中得到快乐，这揭示了沙滩排球运动源于比赛性游戏的本质和吸引青少年参与的兴趣所在，也是人们参与沙滩排球活动的重要原因。青少年对沙滩排球运动由浅入深的认识过程，为他们日后进行符合沙滩排球实战需要的训练提供了重要的基础。如青少年在沙滩排球训练中经历并享受“玩沙滩排球”的乐趣，从一开始就让他们将沙滩排球视为一种快乐的游戏去体验，不应强加苛刻的规则和约束的空间，让孩子在没有任何外力的情况下打球，这样他们才能体验到沙滩排球的魅力，也会为钟爱沙滩排球打下基础。这种享受沙滩排球快乐的训练是一种理念。

（二）基本技术训练与实战需要相结合

平时训练服务于实战需要是竞技体育训练的基本方针。教学训练的任务要求、训练内容、组织教法、运动负荷等，都要尽量从比赛实际情况出发。教练员要了解比赛实战的规律，如得失分的规律，攻防系统相互关系的规律等，使自己的训练能结合比赛实战的要求，多练比赛中最需要、最有效的东西，教学训练就会少走弯路，学到需要处，练到点子上，从而避免时间和精力上的浪费。

同时教练员要了解运动员的水平、特点、作风、健康、心理等实际情况；了解自己团队的特点和存在的问题，在全队统一的计划安排之内尽可能使每个运动员在训练内容、方法、密度、强度、难度上有所区别，因人而异，安排得当，要求适度。这是教练员必须掌握的学问。

（三）体能训练与比赛实际需要相结合

沙滩排球比赛需要运动员在沙地上反复移动、跳跃，需要运动员具备在短距离内快速变换多个方向的速度能力。这种能力涉及灵敏、速度、力量、耐力、爆发力等多重身体素质，只有综合运用这些身体素质，才能完成高质量的起动、移动、制动等专项技战术动作。沙地移动除了需要核心稳定性及力量外，还需要平衡及本体感受性、关节的灵活性及稳定性、软组织的激活和再生能力等。方向的移动、任何步法的移动都为下面的技术动作服务，所以需要运动员在移动过程中依然保持好身体姿态，而好的身体姿态需要强大的核心稳定性和动态平衡能力来支撑。

沙滩排球教练员殷瑞的研究表明：我国运动员的身体素质及沙地移动能力方面与欧美选手有明显差距，我国运动员的下肢力量练习主要集中在腿部，运动员的股四头肌发达，但动作完成并不轻松、移动速度不够快。而加强臀肌训练能有效提高运动员在沙地上的跑、跳、移动能力，有助于运动员提高身体的稳定性和平衡能力。

（四）全面发展与突出特长相结合

“技术全面、快速多变、攻防平衡”是现代沙滩排球运动的发展趋势，也是沙滩排球比赛的基本规律。对于青少年运动员来讲，技战术的全面发展是攀登运动高峰的基石，打好坚实的基本功是青少年训练的主要任务。教练员不要因为追求一时的成绩而让运动员过早专业化，使运动员技术发展的全面性出现偏差，运动员的培养既要全面，又要有特长、有绝招。

沙滩排球的比赛特性决定了运动员必须要全面发展，一传、进攻或防守不好的队员都会成为被对方“照顾”的对象，被对手盯着发或打成为比赛中的软肋。随着沙滩排球技战术的发展，对攻守平衡的理解和认识已不局限在运动员位置分布上的平衡，而是攻守力量的同步增长与平衡。每个运动员都应具备能攻兼守的双重职能，各队攻守力量的强弱是根据运动员具备的能力决定的，包括场上运动员的能力总和。通过分工与协作，形成了比赛过程中的攻守动态平衡。

（五）技战术训练与体能、心理及作风培养相结合

沙滩排球技术与战术训练并不是孤立的体系，训练中应尽可能地把技术、战术、体能、心理、作风五个方面结合起来进行，做到一举多得是训练工作中的一条重要原则。“五结合”训练方法，其中体能是技战术训练的保证，心理是保证技战术水平发挥的前提，作风是球队的根基，是提高技战术水平、完成训练任务的基础，所以技术、战术、体能、心理、作风“五位一体”的训练方法，是使训练达到事半功倍的保障。

训练实践证明，要提高单位时间内的训练质量，就必须在每一次训练中都注意到技术、战术、体能、心理和作用这五个方面的结合。教练员应当认识这五个方面之间互相渗透、互相影响、相辅相成的关系，并学会运用这种关系使训练的收获更加全面，从而节省更多的时间。作为一名优秀的教练员，必须全面考虑到这五个方面的结合，在抓某一方面为主的训练中，适当地结合其他方面，达到一举多得的作用，从而提高单位时间的训练效果，这是培养优秀运动员的重要途径。

（六）努力取胜与注重比赛过程相结合

我们知道人们只能控制可以控制的因素，沙滩排球比赛的结果是无法控制的，但过程却可以控制。优秀教练员和运动员并不是把能否取得比赛的优胜作为评价球队和个人成功的唯一标准。而是把个人和球队自我努力和价值实现作为评价成功的标志。由于运动员能理智对待比赛的胜负，在比赛中他们能把注意力更多地集中在比赛的过程、个人技术的发挥、集体的协调配合和每一回合的攻防上，由此能够在很大程度上缓解比赛的压力，正常发挥个人和球队的水平。比赛结果虽然具有偶然性，但赢得比赛过程的球队在大多数情况下也是比赛的胜利者。

（七）执行战术意图与灵活创新相结合

凡事预则立，不预则废，没有事先的计划和准备，就不能获得战争的胜利。为此，运动员在赛前必须清醒地估量、对比双方形势，从赛场上复杂交错的矛盾中，区分主要矛盾和次要矛盾、矛盾的主要方面和次要方面，精心安排比赛。

运动员是进行比赛的主体，比赛就是双方以体力、技战术、心理等作为基础互争优势和主动的主观能动性的活动，把胜利的可能变为现实是比赛的本质要求。由于沙滩排球比赛易受外界阳光、风向、雨水等自然因素的影响，规则又不允许教练员临场指挥，比赛的不确定因素与偶然情况经常发生，这就要求运动员能承受各种随时可能发生的变故所带来的心理压力。因此运动员要具有稳定的心理素质，临危不惧、智勇双全、灵活机动的应变能力，领先时不能放松，落后时不气馁，一分一分地追赶，这样才能掌握比赛的主动权。

沙滩排球比赛始终由两名队员比赛，场上的攻防战术组织变换频繁，要求场上运动员具备灵活、自主的战术配合意识。如组织一攻时要观察对方的布防情况，防反时两名运动员自主的拦防配合意识得到进一步的体现，既要注意拦防配合、防防配合，又要注意交叉换位的跑动防守配合，比赛中运动员始终要保持着战术组成方面的主动性。在环境条件变化的情况下，场上运动员还要以完成高质量的进攻为目的，主动变换配合的方式，利用一切有利的因素，灵活配合，以达到获胜的目的。近年来沙滩排球技术发生了重大突破，原本在室内排球经常采用的四号位平拉开战术被广泛地运用到比赛中，一改以往沙滩排球比赛高举高打的强攻战术，使得沙滩排球进攻速率大大提升，进攻节奏加快。因此，能否充分发挥每一位运动员的创新能力，并在比赛中表现出来，已是衡量一支运动队水平的重要标志。

总之，训练理念是人类进行训练实践的指南，没有正确、先进的训练理念，其训练实践便是一种低级、落后的传习式重复活动。因此，构建沙滩排球运动先进的训练理念，更新和完善沙滩排球训练理念是我国沙滩排球运动不断创新、发展、提高的前提，也是提高我国沙滩排球运动水平的根本出路。

第二章　青少年沙滩排球技术训练方法

青少年运动员的培养必须重视基本技战术的训练，以达到打基础、强基础、强发展的目标。针对沙滩排球比赛和技战术特点，技战术训练的方法或手段可分为分解训练方法、辅助训练方法、强化训练方法、技术组合训练方法和对抗比赛法等类别，创造或创新具体练习方法，以保证达到一定数量的击球次数来熟练掌握或应用技术，改进技术弱点或突出强项，并适应沙地特性，在技战术、专项体能的训练中强调脚步移动和重心转换，逐步达成在高体能消耗下的发挥技战术水平的要求。

一、垫球技术的训练方法

垫球在比赛中主要用来接发球、调整球和防守等。接好发球，能为调球人（搭档）创造好的条件，利于调好球或二次进攻；垫调好球，有利于组织多变的进攻战术；质量高的防守起球，有利于组织灵活的防守反击。垫球是高水平队伍比赛成败的关键技术之一。

（一）垫球技术训练的要求

垫球技术的训练需特别注意击球技术的规范性和应用的合理性，在符合规则要求基础上，必须强化训练垫球技术的正确性，如单手垫球、上手顶球和防守挡球，不允许有手指携带球和捞球动作，而是用虎口、手臂、掌根等部位，采用半握拳、手指关节击打球。双手正面或侧面垫球则强调手臂的夹紧伸直、降低重心，手臂的平面一定要对正出球的方向，对接发球击球用力、防守垫击轻球或重球的用力、接应垫调球（组织进攻）的用力、不同风向垫球出球方向的控制用力等均有区别，训练重点应针对不同的来球、不同的出球、不同的风向进行有区别的训练，促使青少年运动员逐步建立接发球、接应调整、防守击球等合理应用技术的意识和动作模式。

1. 不同垫球击球方式手型。

图2-1、图2-2、图2-3分别为单手垫球、双手垫球和单手顶球的击球手型。

图2-1　单手垫球的击球部位与球（小臂、掌、拳等、前扑或侧扑）

图2-2　双手垫球的击球的手臂部位与球

图2-3　单手顶球的击球手型与球

2. 挡球和顶球手形

挡球和顶球的手形如图2-4所示。

图2–4　挡球和顶球手型

（1）指尖顶球必须为五指并拢，张开手指的指尖击球为犯规。

（2）用弯曲的指关节俯撑触球。

（3）单手掌挡球须为并拢的手掌击球，张开的手掌击球则只能为掌跟击球。

（4）双手挡球须为双手交叉并拢、手指并拢触球，双手分开击球可能造成连击犯规，手指没有并拢则可能造成持球犯规。

3. 垫球前站位或取位的选择和判断

（1）接发球前的站位选择需考虑对手的发球站位和技战术特点、不同方向和不同方式的发球所产生的性能特征、自然条件的变化（风向、阳光等）；判断则需在对手准备发球时开始，观察对手发球击球的手形、部位、力度，在球飞过球网前做出对来球线路、速度和幅度、落点等的预判，以利于取位准确和及时的起动，身体尽可能对正来球，能用正面双手垫球，就不用侧面垫球或单臂击球、挡球、顶球等其他垫球方式，有效提高接发球出球的稳定和效果。

（2）防守前站位的选择和判断需考虑的综合因素较多，与对手进攻击球特点和战术特点、同伴达成的拦防战术布置、个人防守谋略意识与灵活机动等因素紧密相关。防守起球率更大程度上与垫球技术的应用与效果、拦防战术布置、判断取位和防守人战术思想相关。同时，防守中的二次反应如改变移动方向、重心变换、技术应用的变换也非常重要，沙滩排球运动员需重视二次反应中的防守训练。

4. 垫球前的及时起动与移动

需控制身体重心平稳以利于快速移动和降低击球点，以达到起球的效果和效率。近距离的快速移动多采用并步或跨步的步伐，距离较远的移动多运用交叉步或跑步。教练员需重视对运动员在移动中防守能力的训练。

5. 合理应用不同的击球技术

无论是接发球还是调整球，或是防守，都要求沙滩沙排运动员扩大控制的范围或面积，根据来球的飞行状态，即刻决定采取不同的垫、顶、挡等击球动作，动作既要合理又要注重质量，出球速度、幅度、落点也要利于同伴接应与进攻，从而为两人的配合做好铺垫。垫接球首先保证起球，其次保证起好球。

（二）垫球练习方法

1. 正面双手垫球练习

（1）手臂、手型练习：双手叠掌或抱拳互靠，前臂夹紧伸直形成垫击平面，教练员检查。

（2）徒手原地模仿练习：结合半蹲准备姿势，原地集体练习。

要求先慢后快，重心低，动作协调，教练员及时检查与纠正错误动作。

（3）徒手移动+垫球的模仿练习：教练员做前、后、左、右、斜向等方向指挥手势，运动员根据手势方向做相应方向的移动（并步、交叉步或跨步等）后，再连贯做垫球动作练习。要求动作正确、协调、连贯。

（4）垫固定球练习：两人一组，一人双手持球于腹前，另一人做垫击动作。重点体会正确的击球点、手型及手臂用力时肌肉的感觉。

（5）垫抛球练习：两人或三人一组，相距4～5米，一抛一垫或一抛二垫。要求：抛出的球弧度适宜，不太旋转，落点准确，垫球者先将球垫高垫稳，然后再要求垫到位，抛球可逐步增加难度或变化，如抛出的球较低或较高、较远或较近、较慢或较快等，促使垫球练习的队员体会和掌握垫击不同来球的正确动作。

（6）对墙垫球练习：队员每人一球，距墙1.5～2米处连续对墙自垫。要求：击球手形、垫击点和击球部位正确，用力协调，提高控制击球力量和出球效果。

（7）移动自垫球练习：每人一球，向左、向右、向前、向后移动中自垫球。要求：队员在移动垫球时需降低重心并积极移动，保证进行正面垫球。

（8）抛球+移动垫球练习：

①两人或三人一组，一人抛球，另一人或两人轮流向左、右、前、后移动垫球（图2-5）。要求：移动及时，垫出的球要稍高，并控制好落点，垫球者尽量做到正对垫球方向垫球。

图2–5　三人一组移动垫球

②四人一组，两人抛球，两人轮流垫球，每名队员3次垫球（或多次）后更换另一名队员（图2–6）。要求：在右半场垫球的时候要右脚在前，在左半场垫球的时候要左脚在前，尽量面对球网垫球，培养垫球时的空间感、位置感，提高对出球的弧度和力度的控制能力。

图2–6　四人一组移动垫球

（9）多人跑动垫球练习：三人一组跑动垫球或四人一组三角移动垫球（图2-7）。要求垫球人尽量移动到位，身体对正来球，出球落点准确到位。

图2-7　多人跑动垫球

（10）对垫球、接一传、防守等练习：两人一组，进行不同距离、不同位置和不同风向的对垫球、一发一垫（相距8～12米，隔网或不隔网）、一扣一垫（相距4～6米，隔网或不隔网）等练习，不同的位置、距离、人数等组合变化可产生很多的训练方法，两人间的垫球练习是基础练习或赛前热身的重要手段。教练员可根据队员实际掌握情况变换和创新多种多样的训练手段。

2. 多种垫球技术的练习

（1）背垫练习。

①两人一组，先自垫一次，再转身180度背垫给对方。要求：自垫的时候，正面对着对方，垫起球后，再转身垫给对方。注意垫球时手要插到球下，手臂前伸，往回垫；背垫时要降低重心，抬高击球点。

②三人一组呈直线站立，两边的队员做正面垫球练习，中间的队员做背垫练习。要求背垫需控制每一次垫球的弧度和力度。

③先自己正面垫，起球后再转身背垫给同伴。

（2）跨步垫球练习：在底线附近位置放一标志物，队员在标志物后准备，教练员站在网前向运动员左右两侧1米左右位置抛球，队员向两侧进行跨步垫击球练习（图2-8）。要求垫击球时身体重心靠前、手臂插到球下、身体和手臂对准来球。

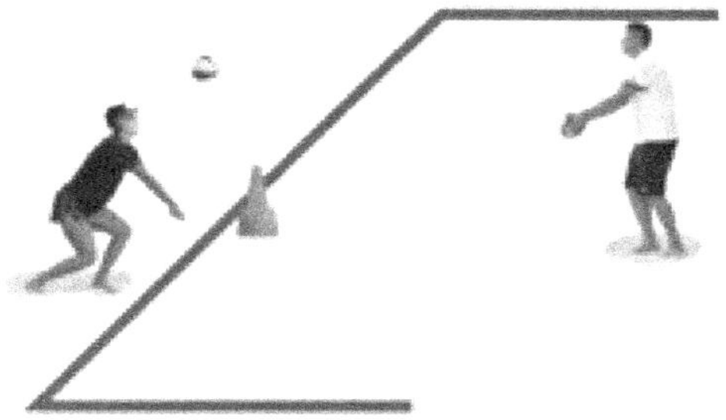

图2-8　跨步垫球练习

（3）侧垫练习：侧跨步或侧弓箭步跪地双手垫球的防守技术在实战中运用较多，其优于单臂侧扑或前扑垫球的效果，也利于快速起身进行下一动作的准备。

①教练员在网前抛球，队员在底线移动侧面垫球。注意：外侧手臂高一点，内侧手臂低一点，形成一个截住来球的平面；移动的最后一步脚尖落地时要有意识地旋转，对正来球的方向；用力则需腰和外侧腿同时往前送，动作方向对准出球的方向和目标，髋关节要前顶；垫完球后重心要跟向出球方向。

②三角垫球。三个人围成一个三角形站立，运用侧垫把来球垫击到另一个方向。注意：体会侧垫球动作，控制好垫球的弧度和力度。

③四角垫两球练习。四个人围成一个正方形站立，通过侧垫技

术，将来球垫击到另一个方向。注意：垫球用力时要有蹬送动作，侧身要对准出球方向。

④后撤中的侧垫练习。网前两人一组，一人往底线抛球，一人转身向后撤位并侧垫，要求：在后撤和垫球中控制身体重心平稳。

（4）挡球专项练习：挡球技术在沙滩排球中应用非常广泛，单兵防守面积大、空间大，运动员必须应用各种技术来扩大防守面积和空间，诸如前压式防守或前排拦网队员后撤防守时，运动员就必须进行高中位挡球、低位垫球等立体防守。挡球成为沙滩排球运动员特有和专长的技术，教练员和运动员需要特别重视挡球技术的掌握和应用。

①定位挡球练习：教练站在网前中间用力掷球或平扣球（队员熟练掌握挡球技术后，可以加大难度，例如教练员隔网高台掷球或扣球），队员在后场中央站成一列，依次用双手或单手挡起教练掷或扣的来球。注意：当来球力量比较大时多用双手挡击，力量小又比较高的球多用单手挡击，触球时尽量击球的中下部。

②队员间专项挡球练习：两人间对挡球练习是基础训练，要求尽量不掉球，强调连续性和数量，提高挡球的应用技巧和熟练性。练习可以是单手掌、单手握拳、双手掌斜交叉等击球。又如：专门的挡重球练习，类似防守急难球的挡球或上手传球防守，也需要进行一定量的专门强化练习，才能使运动员在比赛中敢用和合理应用挡球技术。

（5）垫调练习：沙滩排球比赛中广泛应用垫球来组织进攻，是两人比赛中由接发球进攻或拦防特性决定的，在许多进攻组织中应用垫调球，是上手传球组织进攻的重要补充技术，也需要专门有针对性的强化训练。沙滩排球的垫调球相当于室内排球的二传球，进攻的成功率取决于垫调的稳定性。

①教练员抛球，队员进行垫调联系，也可结合拦网，在拦网落地转身、移动后进行垫调练习。

②教练隔网发球，对面站两组队员，一组接发球，一组垫调球，每人接30次交换。

③顺风、逆风、侧风条件下的专门训练：利用天气，专门练习垫调，达到能适应不同风向控制出球方向、力量、弧度等，使出球经过风的干扰达到满足进攻要求的落点和高度等。

④垫调入网球的练习：拦网队员先在网前拦网一次，人落地后迅速转身，此时教练员在中场把球掷到球网上（可以是各种方向的掷球入网），拦网队员判断入网球的反弹角度，移动和降低重心将球垫调。对于入网球反弹后落在胸前附近的球，要求队员注意重心后移，让出空间来击球，而落点较低的球则需队员降低重心等球；调起球需把球垫高、垫稳，便于发动进攻。同样，调球队员判断教练员手中球掷入网的时间、节奏、高矮、弧度、力度，迅速做出反应动作把球垫调好。

（6）前扑或侧扑垫球。

①徒手练习：在低蹲准备姿势基础上，上体前倾，重心偏前，蹬地使身体向前或侧向扑出，做垫球动作，然后双手迅速撑地、屈肘缓冲，体会手扶地、胸腹着地的感觉及完整动作。

②前扑或侧扑垫球练习。队员在端线中间位置准备，教练员在网前向队员前或侧向抛球，队员用前扑或侧扑进行垫球。注意：教练员要控制抛球的距离、速度和落点；队员要在球抛出后再移动才能体会到动作的速率和节奏。

3. 接发球练习

（1）队员成一路纵队在后场区做好准备，教练员隔网（离网距离可随时调整）向队员发球，队员依次接发球。要求：加强对球的路线、弧度和落点的判断，及时移动对正来球；垫球时强调降低重心、动作连贯。教练员可通过变化发球的性能、速度、力量等来控制队员的接发球难度，重点解决队员接发球动作的规范性。

（2）队员与教练员同在半场，教练员发球（相距8米左右），队员接球（图2-9），可分多组同时进行，近距离的发球与接发球练习有助运动员接发球的判断反应和技术应用。注意：接发球练习时队员要判断来球的方向、性能，及时做出快速的移动以保证正面对准来球、保证击球点在正面和腹部高度。

图2–9　接发球练习

（3）教练发球，队员依次轮流接球，每名队员依次接前区和后区的发球后轮转（图2-10）。注意：控制前后区接球出球的弧度，后退中交叉步、并步时需控制身体的平稳。

图2-10　轮流接发球练习

（4）两侧移动接发球：两名教练都发直线球，一名队员先向左接一个教练发过来的直线球，然后迅速退回原位再移动到另一侧，接另一名教练发过来的直线球（图2-11）。队员依次轮换练习。要求两侧移动时脚步灵活、取位要快；右侧移动垫球瞬间右脚在前，往左侧移动垫球瞬间左脚在前，身体对准垫出球的方向。

图2-11　两侧移动接发球练习

（5）接高台发球练习：教练员站在对面的端线外高台上发球，队员依次接发球。要求判断好球的落点，取好位，并尽量正面垫球。

（6）发接对抗：安排一组队员在端线外发球，另一组队员在对面场区指定位置接发球，连续接10个球后换人，统计一传到位、破攻、失误次数，对比发球和接发球质量。要求发球队员注意观察接球队员的弱点，不要对准人发，而是有意识地发对方的空当处；接发球队员则要注意判断来球，并快速移动、取位，移动过程中两眼观察来球，随时调整位置。

（7）强发球下的接发球专门练习：选择强发球运动员进行发球（如由成年运动员进行发球，或男运动员向女运动员发球），以提高对大力量、快速发球的反应速度，提高实战中对手发球强的适应性，更好地提升接发球的心理承受能力。

4. 防守练习

（1）防守中提高“第二反应”的防守练习：先横向移动摸标志物，然后迅速向另一方向移动后防守击球。要求一定要摸到标志物，转身快、变向快。教练员可以移动标志物来控制队员的横向移动距离，达到迅速改变身体重心、加强“第二反应”的目的。

（2）单兵防守练习：防守队员在后场区的场地中央准备，1～2名队员配合教练员在网前不同位置连续扣或抛掷各种方向、弧度的球，防守队员利用鱼跃、前扑、侧扑、挡球等各种垫球技术连续进行防守。要求防守队员对每个来球都要有反应，有移动和有防守的动作。随着运动员成长和技术水平的提高，教练员应逐步提高对防守起球效率和质量的要求。

（3）假拦网后撤防守专项练习：对面远网平打或轻拍，前排拦网队员假拦网后撤进行防守练习。

（4）防重扣练习：男队员扣球、女队员防守，或成年队员扣球、年轻队员防守练习，可定点、定向或定线路的扣球与防守结合，提升对大力量扣球的防守能力。

（5）鱼跃防守练习。

①徒手鱼跃练习：先通过俯卧撑体会胸、腹、大腿依次着地的动作；然后，可抬起一条腿练习，以更接近实际动作；最后进行腾空的

鱼跃练习。在做腾空练习之前，首先要充分活动腰、臂、腕等部位，防止受伤。

②鱼跃垫球练习：队员在端线中间位置准备，旁边放置一个标志物。教练员在网前抛球，队员先移动碰到标志物后再做鱼跃救球，以体现实战要求，逐步加大练习难度，使队员体会重心转换。

二、传球技术的训练方法

上手传球容易控制出球，落点准确，是进攻组织的“桥梁”，主要应用于二传。好的二传能够弥补一传和防守的不足，为进攻创造有利条件。另外，传球技术还可以用来防守急难球和传球进攻，用上手传球防守只有在对方来球为急难球（球速快、力量大、本能的防守反应）时可以应用，传球进攻则要求双肩连线垂直出球方向，双臂动作与传球目标在同一轨迹上。沙滩排球对上手传球技术要求很高。

（一）传球技术训练的要求

沙滩排球的传球要求身体、肩膀、双臂必须与传球目标在同一轨迹上。传出的球不能变向，只允许向正前方轻微转动，否则会被判为“连击”，为此，传球前必须做到：移动到球下取位、张开或尽量张大手指和手掌、固定两手手型等；击球时手指触球清晰。两手手指触球有先后、或主动与被动先后发力，均易造成传球击球的连击犯规。另外，随着沙滩排球规则的修改，对“持球”的判罚愈加趋近室内排球动作，需避免沉肘、手臂向下缓冲过大或手指缓冲、推送时间过长等，球在手中不能停滞。上手传球技术是沙滩排球较难掌握的技术之一，教练员和运动员需强化传球技术的练习，投入训练量，在比赛中敢传球、多传球并多组织进攻，为优秀运动员的成长打下坚实的基础。

1. 不同传球、击球方式的手形

正面双手传球、背传球、双手传球和背传球分别如图2-12至图2-14所示。

图2-12　正面双手传球的技术图片

图2-13　背传球技术图片

图2–14　双手传球和背传球的击球点对比

2. 传球前的站位

传球前需及时起动、快速移动至球下（钻到球下），控制身体重心平稳以利于快速移动和降低击球点，保障传球的质量和效率。

3. 合理应用不同的传球技术

传球的出球速度、高度、落点应利于为同伴进攻提供合理的条件，为两人的配合做好铺垫，并有效利用空间、位置、节奏等因素，形成最佳的进攻效果。

4. 避免触网

为防止进攻队员触网，二传出球应距网50～80厘米，利于进攻队员针对对方拦网做出多种选择而避开拦网。初学沙滩排球的运动员，宁可传球远网也不要过于靠近球网。

5. 传球需加强移动传球的练习

沙滩排球两人的组合决定了传球前的准备是在移动中完成的，例如一人接发球，另一人的第一反应就需斜向球网移动准备传球，而移动中还需根据接球、起球的落点进行第二次反应的移动，以快速接近来球落点。为此，原地传球的训练重点解决与巩固正确手指手型、用力和控制出球效果，而移动传球或接近实战的一攻传球、防反传球等练习则重点解决传球在实战中的应用，达到满足比赛需要的目标。

（二）传球技术的训练方法

1. 正面双手传球技术的基本练习

（1）徒手模仿练习，体会完整的传球技术动作。

（2）自抛后用传球动作接住球，体会和纠正移动、正确的传球手形和击球点。

（3）两人一组，一人抛球，另一人分解做传球手形接球和传球（即用传球手形先把球接住再传出），进一步体会传球手形和发力动作。

（4）贴墙传球练习：肘关节贴近墙，用传球动作对墙传球，体会传球手形、击球点和手指、手腕的用力。

（5）连续向头上方自传，熟练掌握后可再向前、后、左、右的移动过程中连续自传，高度在1～1.5米，体会手指、手腕的发力。在不同要求或形式自传练习中，也可不用沙滩排球，使用足球、篮球等重量和尺寸较大的球体来练习，体会手型和用力，并能增强手指缓冲力和弹力，是传球练习较好的辅助手段。

（6）两人一组，相距3～4米，一抛一传，体会对球的控制，一定次数后互换。

（7）两人一组，连续对传，相距3～4米，也可变化传球距离、变化传球弧度（低弧度、中弧度、高弧度），也可在传球前下蹲，双手摸地后马上站起来传球，增加控球难度。注意：快速移动取位对正来球，上体保持正直，不后仰，双脚前后开立与肩同宽，蹬地、伸臂用力把球向前上方送出。

（8）两人一组，连续自传+对传，自传一下，再传给同伴。注意：双手用力均匀，出球不旋转，自传球要高，后背不要太僵硬。

（9）连续自传，每传一次后下蹲双手摸地或每传一次后抬腿在腿下拍手，增加控球难度，变化传球高度，提高对球的控制能力。

2. 提高传球运用能力的练习

（1）移动传球练习。

①三人一组，两人在对面抛球，一人利用交叉步或并步进行左右移动传球练习。要求：眼睛不能离开球，正确判断球的落点，快速移动到落点下方。（图2-15）

图2-15　移动传球练习——两人对面抛球

②单人对墙连续前后、左右移动传球。要求：正确判断球的落点，迅速移动取位到球下，传球动作完整、规范。

③两人连续传球，一人固定在网前，另一人面向球网，在后场半场左右移动传球。要求：脚步移动灵活，取位准确，传球动作规范，出球弧度适中。

④两人连续传球，一人固定在网前，另一人面向球网，在后场半场前后移动传球。要求：脚步移动灵活，取位准确，传球动作规范，出球弧度适中。

⑤两人一组，隔网连续传球，传球后人要跟进到网前用手触一下球网再后退到网前1～2米处，准备传下一个球。要求：脚下移动灵活，传球动作规范，球的弧度和落点控制准确。

⑥教练员从后场端线附近向场内抛球，队员从端线左或右侧外面起动，调整传球到球网两端进攻点（图2-16）。要求：迅速判断取位，钻到球下，对正传球方向，注意观察标志杆的位置；击球时保持身体重心稳定，控制好球的弧度和落点，达到可进攻扣球的要求。

图2–16　进攻传球

（2）三角传球：三人一组站成一个三角形形，沿顺时针或逆时针方向相互传球，进行改变传球方向的练习。要求传球时身体要转向出球的方向，不能身体不转只靠手指手腕的转向发力。（图2–17）

图2–17　三角传球

两人利用并步、交叉步、小跑步等同排移动，向前直线传球，传球距离5～6米。要求：两人传完球马上移动，相遇时注意前后错开，

避免相撞，传球时注意加强对球的弧度和落点的控制。（图2-18）

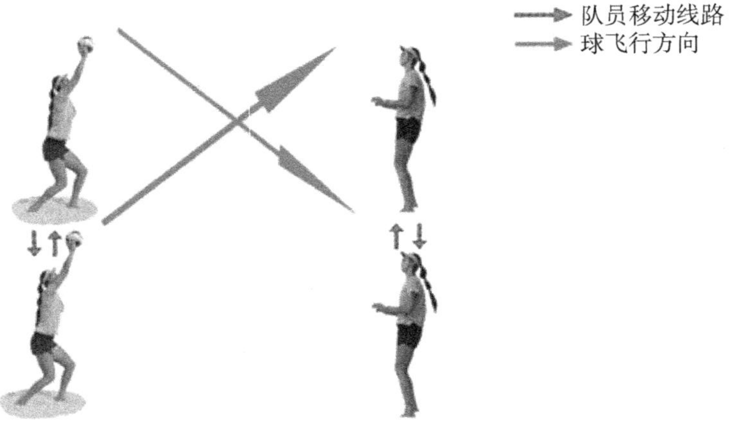

图2-18　移动传球

（3）训练环视能力的传球练习。

①两人一组进行传球练习：自传与对传相结合，当同伴举手时则迅速传球，不举手则连续自传。要求在自传时，眼睛余光时刻观察对方；同伴举手时机无规律可循，从而提高训练效果和气氛。

②四人顺时针或逆时针、轮流传球加报数练习：四人四角传球，在传球的同时报出教练伸出的手指数目。要求在传球时，用眼睛余光观察教练的手指数，边看边移动取位，注意转体对准出手方向，逐步养成用眼睛余光观察周围及对方情况的习惯。（图2-19）

图2-19　四人四角传球

（4）背传练习。

背传对于沙滩排球运动员是一项难度比较大的技术，只有传球技术掌握好的队员方可运用。

①两人一组，自传一次后转身背传给对方。背传时要求人钻插到球下，手心朝上，触球瞬间加强挺胸、展腹和向后上方的伸臂。

②两人一组，一人正传、一人背传：两人面对墙前后站立，后面队员对墙做正面传球练习，前面队员做背传练习。要求注意力高度集中，四肢适度放松，背传时手背要伸展，并保持击球点在头顶上。

③三人一组背传：三人成一条直线站立，两端的队员做正面传球，中间的队员做背传练习。（图2-20）

图2–20　三人一组传球

三、扣球技术的训练方法

扣球是进攻的最后环节，是最积极、最有效进攻得分的主要技术，进攻能力强的球队得分机会也更多。高质量的扣球可以鼓舞球队士气，振奋精神，挫伤对方的锐气或让对方产生强烈的心理压力。最佳的扣球体现在“点、线、速、力、变”上，沙滩排球的特性决定了进攻扣球的多样性手段，拍点、拍线、吊球等均是得分的措施，训练需要强化运动员扣球基本功（熟练掌握扣、拍、顶手法，点、线的准确性控制，技术掌握的多样性；速度、力量的变化运用）的练习，同时，还需培养运动员个人扣球技巧的运用能力，能够做到针对不同的对手灵活应变。

（一）扣球技术训练的要求

沙滩排球比赛队只有两名运动员，接发球或防守面积大，一传或调整球会出现很多乱球现象，进攻队员需要随机应变，尽力做到眼到、脚到、手到，配合全身各部位的协调和平衡发力，提高进攻的攻击性和效果。

扣球基本功训练应重点抓好助跑、起跳和正确的击球手法的掌握，突出适应在沙地上的移动、起跳特点，解决好人与球的位置关系，技术的重要环节必须进行反复、系统的强化练习。

另外，顶球是沙滩排球的独门技术，最常用在网前顶球进攻即战术吊球，也是拦网队员撤防时的击球技术之一，是沙滩排球与室内排球区别最大的技术动作，也是沙滩排球进攻手段之一，另外还可运用在接球和防守高抛球上。

1. 不同进攻击球方式的手型

助跑、空中击球、扣球的动作如图2-21至图2-23。

图2-21 助跑动作

图2—22　空中击球

图2—23　完整扣球

2. 扣球助力跑

沙滩排球中最常用的扣球助跑是2～3步助跑，助跑时身体重心要先前倾，最后2步起跳要连续且呈爆发式。

3. 沙滩排球的起跳

由于沙子松软，用力越大，泄力越大；脚陷入越深，越不容易跳高，初学者最后一步起跳步不宜过大或过猛。起跳训练的重点是最后左右脚落地时要有制动，脚落地时由后脚掌过渡到前脚掌再起跳，有踩实再起跳之意，同时，起跳点或踩点位置非常重要，以保障人与球良好的位置关系，利于进攻击球。在踩跳时还需观察对方的拦网、后排防守队员位置与意图，以利于空中击球的线路、速度、力量、落点的选择。

4. 合理应用不同的扣球技术

在比赛中视对方拦防布局、自身能力、起跳、空中身体平衡、天气、场地等情况，灵活采取不同的扣球技巧。

（二）扣球技术的训练方法

1. 扣球的基本技术练习

（1）助跑与起跳练习。

①多名队员按照教练员的口令做原地起跳练习，或两步助跑起跳练习，可以轻微腾空，体会起跳用力。注意：起跳前踩沙踩实再起跳，助跑起跳最后一步则注意脚后跟先着地再过渡到前脚掌，同时加上摆臂的动作。

②多名队员成横队列于网前3米左右的进攻位置，听口令集体做两步助跑起跳练习。注意：向上起跳，避免前冲触网，空中控制身体平衡。

（2）挥臂练习。

徒手或手持小球等，连续反复做挥臂练习，体会扣球鞭打动作。也可手持垒球，向墙体做正面扣球挥臂动作，将球甩出。

（3）原地扣固定球练习。

两人一组，一人手持球高举成固定球，另一人扣该固定球，体会鞭打和包裹球手型。

（4）原地扣球练习。

①两人一组相距8米左右，交替对扣长线，体会原地扣球鞭甩和包裹球动作。

②距墙3～4米，硬地，连续对墙扣反弹球，增强手臂扣球的球感，提高扣球手法的稳定性。

（5）完整扣球练习（助跑、起跳和击球）。

①队员对墙或挡网或网前3米左右的进攻位置，运用两步助跑起跳自抛自扣。

②教练员站在网前高台上，一手托球于球网上沿，队员助跑起跳扣固定球。

③教练员平网抛或传一般高度球，多名队员轮流在球网一端扣球。

④队员3～4人一组，在球网一端轮流扣球，由教练员在球场不同位置抛或传垫调整球，达到指定线路、速度、落点等一定数量后换另一组扣。

2. 多种扣球技术的练习

（1）调整扣球：扣球队员先将球传给场地中央附近的一名队员，二传队员向球网两端进行调整传、垫球，扣球队员上步扣调整球（图2-24）。要求扣球队员注意观察来球弧度和落点，调整自己的助跑路线，使之与来球的飞行路线形成交叉，并调整起跳时机，始终保持有利击球位置。

图2—24 扣球

要求：

①规定队员用45° 角上步助跑。

②加强队员的抢点能力。

③规划队员撤位的步伐——用交叉步撤位。交叉便于转换方向，而且可以保持身体的方向全部对着场内，可以快速地处理下一个来球。撤位快，便于观察。

（2）单一扣球技术的强化练习：可扣抛球或二传球，也可单人或多人循环多次连续扣球，既有技术强化练习，又有强度练习；既有规定线路的扣球练习，又有指定落点的扣球或吊球练习。

①重扣球专项练习：强调大力量、爆发力扣球要求。

②轻扣球或轻拍球练习：可结合点、速度、线路要求。

③吊球练习：指定顶球的落点。

④扣球强度练习：单兵连续扣球练习，以提升在实战中体能消耗较大时的扣球能力，这也是由沙滩排球比赛运动员体能消耗较大的特性决定的。

⑤高网扣球：升高球网高度2～5厘米，进行扣球练习，要求运动员全力跳和提高击球点。

（3）顶球专项练习。

①连续向头上方自顶，高度在1~1.5米，体会手指关节的发力。体会手型和用力，是顶球练习的基础手段。

②队员间专项顶球练习，两人对顶球。要求：尽量不掉球，强调连续性和数量，提高顶球的应用技巧和熟练性，使队员能够灵活运用这项技术。

③两人一组，一人网前抛球，一人后场准备，前、后、左、右让同伴移动找球顶给抛球人。

④教练站在网前中间掷高球（顶球熟练掌握后，教练员可隔网高台掷高球或轻拍球），队员在后场中央站成一列，依次用顶球动作把教练掷的来球顶到网前。击球的中下部把球顶高，右侧同样。

⑤教练平网抛球，队员进攻位置助跑起跳顶球过网，进一步巩固正确手型并体会手指关节、手腕的发力。

四、发球技术的训练的要求和方法

发球是进攻的开始，也是迅速有效的得分手段，在发球飞行线路变化、落点长短、力量大小、找人和找区等方面体现发球战术特点。沙滩排球比赛两名队员接发球，各自负责的场区面积大，发球威胁远高于室内排球，如能利用阳光、风向、雨势等自然条件，适时调整发球策略，更能提升发球的攻击性，以达到直接得分或破坏对方的进攻战术的目的，减轻本方防守压力，为反击创造有利条件。

（一）发球技术训练的要求

发球与接发球是排球比赛中的一对基本矛盾，各种发球技术本身并无先进与落后之分，关键是看接发球运动员是否适应对方的发球，对手不适应的发球就是最好的发球。在现代沙滩排球比赛发球技术中，多采用跳发球、跳飘球、站发球和站飘球四种技术，根据对手一传情况选择不同发球方式和站位。同时，结合战术、站位、调整或找点、找人等需要，选择大小力量、长短线路、定向发人等不同的发球技术。

不同发球方式的手型如图2-25至图2-28所示。

图2-25　飘球动作

图2-26大力发球动作

图2—27　挥臂轨迹比较

图2—28　击球手型比较

运动员对某种形式发球的适应与否是相对的，例如，甲队员对接大力跳发球比较适应，但很可能对接跳飘球就不太适应，因此，在发球训练中应该让运动员掌握多种形式的发球技术，并力争能在比赛中熟练、灵活地运用，以便针对不同对手、不同外界因素做出适时变化和选择。

（二）发球技术的训练方法

1. 掌握发球基本技术的练习

（1）徒手模仿练习。

听教练员口令，集体做徒手的抛球、挥臂、击球练习，体会抛、击配合和完整的技术动作。如果是跳发球或跳发飘球，还要单独练习助跑起跳。

（2）结合球的练习。

①自抛球练习，体会抛球高度和位置。

②结合抛球，做引臂、挥臂和击球练习，解决抛、击配合。如果是跳发球或跳发飘球，要特别注意抛球与助跑起跳的配合，以及人球位置和击球时机的相对固定。

③近距离对墙发球，将抛球、助跑起跳（跳发球和跳发飘球）挥臂、击球、用力等环节有机地结合起来。

④两人一组，相距8米左右对发，进一步熟练完整技术动作。

2. 结合场地的练习

（1）场地内近、中、远距离隔网发球。

（2）站在端线外左、中、右三个不同位置向对区发球。

3. 提高发球运用能力的练习

（1）提高发球准确性的练习。

①在墙上标定一个区域（高度要比球网稍高）。队员每一次发球都要发到这个区域内。

②将场地划分为若干区域，每次发球都要发到指定的发球区域内。可分队进行比赛，激发队员的兴趣和斗志，培养集体荣誉感。

（2）变化发球线路的练习。

在同一位置发不同线路的球；发同一线路但长短不同的球。（图2-29）

图2—29　变化发球路线的练习

（3）变化发球性能的练习。

①大力跳发球和减力轻拍的跳发球相结合。

②跳发球和跳发飘球相结合。

③飘球于前场区、后场区和平冲球相结合。

（4）向接发球站位的空当发球。（图2-30）

图2–30 向空挡发球

（5）发、接对抗练习。

①计分对抗：发球队员与接发球队员进行发、接对抗，发球队员直接得分计2分、破攻计1分、一般计0分、失误扣2分，接发球队员接球到位计2分、一般计1分，无攻扣1分、失误扣2分、对方发球连续失误得1分，先得10分者为胜。

②设定情境对抗：设定落后、相持及局点、赛点等关键比分的比赛情境，让发球队员与接发球队员进行发、接对抗，采用非“活”即“死”的方式判定发球效果，即如果该发球得分或破攻即为“活”，如没有得分或破攻即为“死”，连续发10个球为一组，计算“活”的次数。可根据实际水平，事先规定每组“活”的次数，并随着发球水平的提高相应提高对“活”的次数要求。

（6）特殊气候或环境下的专项发球练习。

利用大风、下雨等气候变化，专练发球。主要是建立对风向、空气湿度、球体重量等变化的判断意识，逐步适应顺风、逆风、侧风与球体重量增加等情况下的发球，体会用力力度、用力方向、发出球的飞行规律等。

总之，发球练习要求有速度和力量时计时，要求落点时可以画区域和摆标志物，教练员可以根据队员掌握的熟练情况变化多种训练方法。

五、拦网技术的训练方法

拦网是防守体系的第一道防线，是一项具有强烈攻击性的防守技术，一般来说由身高较高或弹跳较好的队员负责，单人拦网成为沙滩排球比赛的特色。拦网的作用不仅仅是直接拦死或拦回对手的扣球，抑制进攻，减慢来球速度，迫使对方改变进攻线路至我方防守队员区域，或造成对方进攻失误，还可削弱对方的士气，动摇对方的信心和让对方产生心理压力。如网前没有有效拦网，后面防守就极其困难，所以，拦网效果的好坏，直接关乎着比赛的胜负。沙滩排球拦网与室内排球拦网在规则上稍有不同，沙滩排球拦网触球算一次击球，但在完成一次拦网动作中，球多次连续接触拦网队员身体不视为连击，拦网队员在拦网后也可以再次击球，作为本队的第二次击球。

（一）拦网技术训练的要求

沙滩排球单人拦网是防守体系的核心或中心，拦网技术训练需重视几项最重要的技术环节，第一是重视基本技术标准的掌握，强调拦网手型、手臂的正确性；第二是建立拦网意识，如移动和起跳的准确时机、准确判断对方进攻点、准确的取位等；第三是贯彻已达成的战术布置，如拦直线而放斜线；第四是提升拦网谋略的应用能力，如假拦与真撤防、拦吊球或轻拍击球、假拦直线真拦斜线等，均为拦网谋略或个人战术的灵活应用。

拦网的动作技术如图2-31至图2-33所示。

图2-31　起跳制动

图2-32　空中拦网手型

图2-33　落地缓冲

同时拦网技术训练可以与专项体能的动作模式训练相结合。

（二）拦网技术的训练方法

拦网技术的训练需紧密围绕观察力、判断分析力、移动和取位、起跳时机、手型和个人战术等关键技术环节开展。

1. 拦网的基本技术练习

（1）徒手练习：原地做徒手的拦网手臂动作和手形练习，体会手臂动作和拦网手型；原地起跳拦网练习，要求含胸收腹、提肩伸臂，体会起跳及身体姿势和手臂动作。

（2）结合球网做原地起跳拦网练习：要求手臂伸过球网，身体不能触网，体会人与网之间的关系。

（3）结合球网的移动拦网练习：队员运用并步、交叉步等步法平行于球网移动，每移动1～2步进行一次拦网，体会移动与起跳、伸臂动作的结合。

（4）面对墙的拦网练习：这是一种防止触网的练习，要求手臂伸直，十指放在墙上，保留在墙上的时间越长越好。

（5）拦网上力量对抗练习：两人分别在球网两侧，沿球网同步移动进行拦网，双手在网上接触，尽可能利用自己的腰腹肌力量来和对方对抗，落地缓冲控制重心要稳。

（6）拦网摆脱练习：两人分别在球网两侧面对面站立，一人主动运用各种步法移动并做拦网动作，另一人跟随，要求主动方尽量运用移动和假动作甩掉被动方。

（7）盖帽式拦网练习：这是最能体现拦网攻击性、把球直接拦死的拦网方式。要求：起跳后收腹提肩、手腕上提、手掌前倾，做好盖帽动作，注意体会身体重心和网的关系。

（8）控制式拦网练习：这是一种体现对球的主动控制的拦网动作练习，在拦网高度不如扣手、起跳时机偏晚或来不及争取拦网高度时使用。要求起跳后尽量伸直手臂，手腕稍后仰并保持紧张，尽量在触球瞬间把球向后上方撑起，以便身后的同伴防守和接应。

2. 提高拦网运用能力的练习

（1）单人拦高台扣球：教练员站在对面高台上扣球，队员在左、右、中间位分别拦高台扣球。

（2）专项拦不同进攻扣球练习：专门对吊球、扣球、轻扣球、拍球等不同扣球方式进行拦网练习，进攻方可扣抛球或调整球。如判断对方为吊球，则较晚起跳拦网，对轻扣球或拍球也比正常扣球稍晚起跳，而对远扣球的拦网更需注意晚起跳；对于近网可能出现的进攻方式或战术，拦网者也需进行专项练习，如近网扣球时进攻队员故意向外或向上击球，以达到造成打手出界的目的，拦网者则专项练习，逐步掌握或判别进攻队员的近网球进攻习惯和战术，灵活应用拦网技术。

（3）假撤真拦的专项练习：假撤防，再上步拦网。

第三章 青少年沙滩排球运动员战术训练方法

一、沙滩排球战术训练要求

（1）强调战术实施各个技术环节的有效性，为战术实施提供保障。例如：组织进攻时，垫调球不到位，进攻队员就无法有效实施原定进攻意图，不得不改变进攻手段。

（2）强调战术设计的连贯性，针对一攻、再攻、防反、再防反等均做好前后战术布置，不仅仅是布置或商定比赛中某一阶段的战术。在培养青少年运动员时，遵循先练一攻再练防反的规律，而一攻中的核心则是接发球和调整组织的效果，这要求在移动中尽可能保持正面的接发球和传、垫调球，这也是沙滩排球最基础的战术保障；防反训练则要求建立在单人拦网为中心下的防守战术体系中，两名队员达成各负其责、前后配合的战术要求。

（3）强调培养队员制定战术和调整战术的意识和能力，第一是赛前自觉观看对手的比赛或录像、统计对手技术发挥情况、分析对手技术与战术的特点和弱点，从而制定具有针对性的战略和战术；第二是在战略和战术实施中，还需要根据比赛临场情况的变化进行调整，沙滩排球运动员需要在成长中培养和建立独立的思考和解决问题的能力。

（4）强调个人战术与两人配合战术的紧密结合，个人战术的发挥促成配合战术完成的有效性。个人战术体现出运动员自我的基本技术能力、谋略能力等，展现出运动员的智慧。

（5）强调教学比赛对象的选择，提升战术实施质量：对象选择在不同阶段不一致，如在初级阶段，集中为同队初学队员间的教学比赛；进入中级阶段，队内教学比赛与队外教学比赛就需紧密结合；而在高级阶段，就需重视与高水平运动队进行教学比赛，甚至是以赛代练的模式，逐步适应与高手比赛、适应与陌生人比赛、适应与国外运动队比赛等，以增强信心、查找不足而强化训练、提升比赛阅读能力等，进而快速成长为高水平运动员。想要完成好各项技术和战术，教练员还需要在训练中增加运动员的各种战术意识的培养。

二、沙滩排球战术训练方法

（一）防守与调整战术组合练习

1. 拦、防、调、攻练习

两人一组，教练员站在高台上平网扣球或吊球，网前拦网队员给防守队员拦防战术手势并拦网，防守队员执行拦防战术取位防守，防起球后，拦网队员落地转身将球调整到距离同伴最近的网前位置进攻。（图3–1）

图3–1　拦、防、调、攻练习

2. 后撤防与调练习

教练员站在高台上开网扣球或吊球，拦网队员观察清楚后迅速下撤防起球、再准备进攻，后面的防守队员马上摆位接应同伴，将防起的球调整能攻。（图3–2）

图3–2　后撤防与调练习

3. 多人打、防、调练习

两名教练分别站在网前两端位置，后场队员站成两列，一名教练扣球，一列中一名队员防守起球，垫给另一列一名队员，把球调整给另一名教练员，教练员再把球扣给下一名队员，依次循环进行。熟练掌握后也可由两名运动员替换两名教练员。（图3–3）

图3–3　多人打、防、调练习

（二）调整与扣球或二次攻战术组合练习

1. 一调一扣练习

队员分两组，成纵队分别站在后场左右区准备调整传球，教练员在场地中央分别距离边线向2米附近抛球，队员迅速向前移动、取位，将教练员抛出的球调整到球网两端进攻位置，另外有两组队员分别准备在球网两端扣调整球。然后，结束调整传球组的队员换位到扣调整球组，扣球组队员则换位调整传球组，如此循环进行。（图3–4）

队员移动线路
球飞行方向

图3–4　一调一扣练习

2. 二次攻专项练习

接网对面的抛球或发球，进行二次球进攻的专项练习是沙滩排球进攻组织中的重要手段，尤其在队友进攻受阻或发挥不佳、进攻战变化时应用。练习中，队员需进行二次攻预定战术的商量，再就是保证接发球或防守起球的效果（落点位置、高度、速度等）足以进行二次球进攻。

3. 撤位防守与同伴的二次攻练习

教练员隔网向拦网队员身后场区抛球，网前拦网队员迅速下撤，将教练员的抛球直接防起给同伴进攻，如此循环进行。（图3–5）

图3–5　撤位防守与二次进攻练习

（三）防守、调整与进攻战术组合练习

1. 多人攻、防、调轮转练习

四人一组，两人在网前两端扣球、两人在后场专位一防、一调，四人轮转。扣球队员在本方网前原地站立扣球或跳起斜线扣球，扣球后直线跑到后场防守，防守起球后迅速准备下一个调整球，后场防守

队员将调整球给网前人进攻后直线跑到网前一端扣球，连续进行，循环轮转。（图3-6）

图3-6 多人攻、防、调轮转练习

2. 1+1对1的防、调、扣练习

一名队员在网两边反复移动穿网传调或垫调球，两边场地各一名队员分别在异侧端扣球。当一名队员扣球时，对面场地的队员防守，将球垫给穿网过来的传球人，传球人调整球给刚防守完的队员扣球。（图3-7）

图3-7 1+1对1的防、调、扣练习

3. 2+1对2 防、调、扣练习

一名队员在网两边反复移动穿网传调或垫调球，两边各两名队员交替在二传的组织下进行进攻，不进攻的一边防守，将来球防起给穿网二传队员组织进攻，反复进行，以培养队员的防反快速转换意识。（图3–8）

图3–8　2+1对2 防、调、扣练习

4. 2对2防、调、扣练习

分多人一组共四组两边站位，每边两组各一人随机组成阵容，每完成一次防守—调整—进攻扣球后，轮转至同组最后，后面人又组成下一个阵容准备防守—调整—进攻扣球，依次循环进行。（图3–9）

图3–9　2对2防、调、扣练习

（四）扣球与拦网战术组合练习

1. 借助拦网板的扣拦练习

先制作一定面积的平板用于拦网，当队员扣球时，在扣球击球前的一瞬间，拦网队员利用拦网板去拦球，扣球队员则根据拦网板的拦阻方向调整扣球线路，避开拦网板，提高变线扣球能力。要求：拦网板不能伸得过早，扣球队员通过改变击球时手掌的方向和手腕的甩动改变扣球线路；可变化不同的扣、拦位置进行练习。

2. 一扣一拦对抗练习

队员在指定位置扣球和对位拦网，拦网和扣球队员在完成击球后均增加一个自我救球动作，以提高拦网队员的判断力和拦网击球感觉、扣球队员面对单人拦网的变化能力、队员扣拦后的自我保护救球的意识和能力。要求：二传球要稍近网一些，增加扣球队员的击球难度，为拦网队员创造更多的拦到球（拦回、拦起）的机会，可变化扣拦球位置进行练习。

（五）拦网与防守战术组合练习

拦网与后场区专位多点防守练习：对方球网两端进行直线吊球、直线扣球和斜线扣球，本方在对应位置上有一名拦网队员进行拦网，另一名后排防守队员先防一个直线吊球，后撤防一个直线扣球，接着摆位再防一个斜线扣球。（图3–10）

要求：扣球队员所有的扣球都要指向后排防守队员，防守队员需根据不同的进攻点取位，如防直线扣球时站位距中线6米、距发球线1米左右；防吊球时，要观察对方将扣球动作改成吊球动作的变化，及时起动和移动；防完吊球后不要背对球网后撤，要采用前交叉步面对球网后撤；防守取位（起动、移动）时既要观察对方队员的击球挥臂动作，还要根据球的落点位置、拦网队员的拦网手型和线路进行决策。

图3–10　拦网与后场区专位多点防守练习

（六）扣球、拦网与防守反击战术组合练习

2对2进行练习，强调练习的连续性，可降低攻击力量，加强拦和防，保证不死球，尽量把球防起到前场中间，以利于拦网队员组织反攻，从而提高扣拦防调各个比赛环节的能力，达到提高战术水平的目的。

（七）一攻和防守反击战术组合练习

1. 一攻和防反

全队分成两组，一组接教练员发球组织进攻，另一组则进行完整的拦防与反击练习，防反方需对拦防提前进行战术布置或沟通（如拦直线防斜长线及起球后进攻点的预定战术）。

2. 一攻、防反和再攻、再防反

第一组接教练员抛球组织进攻，第二组进行防守、调整球和扣球练习，第一组进攻后迅速组织完整的防反练习。要求：防起来的到位球一定要按预定战术组织进攻，半到位的调整球也要尽可能组织战术反击，而不到位的调整球更要完成一定质量的进攻。

（八）教学比赛实战中战术素养的培养练习

大量的教学比赛必不可少，尤其是进入青年队的运动员，与成年队进行的教学比赛（或女队选择与男队教学比赛）是非常好的学习和经验积累的途径。

针对不同时期的训练重点内容，选择不同的对象进行教学比赛，分阶段解决各战术环节的熟练度和成功率，如解决接发球与调整组织环节的重点，需适应强发球下的接发球能力或接发球不到位情况下的调整组织能力，在教学比赛中就需重点磨炼。同时，通过教学比赛培养青少年运动员战术素养，达到在教练员指导下独立思考和制定战术的能力，提高与不同比赛对象的适应能力，例如在教学比赛开始后，较短时间里就能发现对手的技战术特点、弱点或状态，快速实施扬长避短对策，确定和调整攻击对手的策略。

第四章　青少年沙滩排球运动员体能训练方法

一、体能训练计划范例

（一）一般准备阶段的体能训练计划范例

沙滩排球运动员一般准备阶段的体能训练应以神经肌肉骨骼检查和运动模式筛查结果作为训练起点。该阶段的体能训练目标以增加肌肉围度和肌肉耐力、提高机体的有氧能力为主，暂不安排专门的爆发力和速度训练。负荷安排以强度低、量大和频率高为特色，抗阻练习强度为10～12RM，训练量为4～6组，训练频率为每周3～4次。练习选择应针对解决筛查识别出的功能缺陷，重点发展对基本竞技动作起决定作用的力量和神经肌肉能力，如负重全蹲、分腿蹲、台阶上步等练习变化，以及不同平面的上肢推、拉、举等动作，躯干的稳定性及平衡控制等。机能训练以长时有氧间歇练习为主，可采用游戏或交叉训练（其他项目）模式，单独在体能训练中安排或结合技术训练进行均可。该阶段的训练计划范例如表4-1所示。

表4-1　沙滩排球运动员一般准备阶段体能训练计划范例

训练模块	练习内容	负荷	间歇安排	备注
力量／爆发力	1杠铃深蹲 2.斜板哑铃卧推 3.单腿箱子上步伸髋 4.引体向上 5.跪姿下砍（实心球） 6.循环练习： （1）瑞士球俯撑前臂揉球； （2）屈肘侧撑挺髋，单臂传、接小实心球； （3）（俯撑）撑哑铃行进	10RM×4组 10RM×4组 10RM×4组 10次×4组 左、右各10次×3组； 左、右各5圈×3组； 左、右各30秒×3组； 8米往返×3组	组间2分钟，前后两个练习之间3分钟 每个循环之间3分钟	连续完成三个练习中的各1组为一个循环
能量系统发展训练	绕沙排场地放松跑	65%最大心率×6圈×5组	3分钟	
整理、放松	用泡沫轴或按摩棒做身体各主要部位的软组织按摩；或进行主要肌群的主动或被动牵拉	按摩或牵拉15～20分钟		态度认真，按摩或牵拉动作准确到位

（二）沙滩排球运动员的特殊准备阶段体能训练计划范例

沙滩排球运动员的特殊准备阶段体能训练目标以发展多关节抗阻的速度力量、爆发力和反映比赛特征的身体机能为主。力量练习模式从双侧多关节抗阻练习逐渐推进到单侧多关节抗阻练习；爆发力训练可从抗阻短距离多方向移动、实心球练习等形式中灵活选用；身体机能训练向反映比赛特征的间歇式练习过渡。体能训练负荷呈现强度逐渐增大、量逐渐减少的趋势，训练强度为5～7RM，训练量为3～4组，训练频率为每周3次（其中1次包含专门的身体机能训练）。力量／爆发力练习组间间歇2分钟，前后两个练习之间间歇3分钟。该阶段的训练计划范例如表4-2所示。

表4-2　沙滩排球运动员特殊准备阶段体能训练计划范例

训练模块	练习内容	负荷安排	间歇安排	备注
动作准备	1.软组织按摩：泡沫轴按压腓肠肌、股四头肌、屈髋肌、臀肌、三角肌及背部和腰部； 2.动作模式纠正：跪撑胸椎旋转；深蹲头上举（以交叉式的拉线训练器械或拉力带为阻力）； 3.臀肌激活：（踝、膝关节带迷你带）左、右行走；跳步单腿支撑，悬浮腿侧向、侧后45° 方向伸腿； 4.动态拉伸：前抱腿，后搬腿，侧搬腿，前弓步体侧屈，扭步蹲，伟大拉伸，手足行走； 5.神经激活：左、右45° 转髋跳；看教练员手势单足交替连续踏地移动	每个部位各20秒×1组； 左、右各10次×1组；10次×2组 左、右各6米×1组 左、右每边5次×1组 5秒×2组；5秒×2组	练习之间无间歇	
力量／爆发力	1.悬垂高翻（杠铃） 2.（对墙）连续侧抛实心球 3.后腿抬高分腿蹲（杠铃或壶铃） 4.斜撑单臂划船（哑铃） 5.速度滑冰跳 6.循环练习： （1）瑞士球勾腿 （2）TRX直臂拉起 （3）JC带侧拉、前推	6RM×3组 每边6RM×3组 每边6RM×3组 每边6RM×3组 每边16次×3组 10次×3组 10次×3组 每边10次×3组	组间间歇2分钟，前后两个练习之间间歇3分钟	充分伸髋； 转髋发力； 膝关节不超过脚尖； 躯干伸直； 臀肌主导发力； 充分挺髋； 躯干伸直； 躯干伸直
能量系统发展	看教练员手势在间隔3米、正方形排列的4个标识点间进行移动触摸标识点	30秒×3次×3组	练习之间20秒；组间2分钟	结合无规律的听口令俯撑，每次触摸标识点后都回到正方形中间
整理、放松	用泡沫轴或按摩棒做身体各主要部位的软组织按摩；或自我进行主要肌群的牵拉、放松	按摩或牵拉15～20分钟	练习之间无间歇	态度认真，动作准确到位

（三）沙滩排球运动员比赛阶段体能训练计划范例

沙滩排球运动员比赛阶段的体能训练目标以发展爆发力、爆发力-耐力及高度符合沙滩排球专项运动生物力学特征的身体机能为主。练习模式选择多关节参与的抗阻力量练习、超等长练习及弹射式练习等。身体机能训练以高强度专项动作模式练习为主。训练负荷呈现强度大、量少的特点，训练强度≤4RM，训练量≤3组，每周训练频率为1～2次。间歇安排上组间休息2分钟，前后两个练习之间休息3分钟。（表4-3）

表4-3　沙滩排球运动员比赛阶段体能训练计划范例

训练模块	练习内容	负荷安排	间歇安排	备注
动作准备	1. 软组织按摩：泡沫轴按压腓肠肌、股四头肌、屈髋肌、臀肌、三角肌及背部和腰部； 2. 动态平衡练习：前、后、左、右方向单脚起跳落在博苏球上； 3. 支柱力量练习：俯撑，对角线伸展手臂、腿；俯卧，肩胛T、Y、W型伸展； 4. 动态拉伸：前抱腿，后搬腿，侧搬腿，前弓步体转，后弓步扭步蹲，伟大拉伸，手足行走； 5. 神经激活：看教练员手势单足交替连续踏地多方向移动；双脚沿端线左右跳跃前进（尽最大努力加快频率）	每个部位各20秒×1组 每边各1次×2组 每边10次×2组 每种10次×1组 每边5次×1组 5秒×2组 9米×2组	练习之间无间歇	控制身体的稳定和平衡
力量/爆发力	1.壶铃单臂摆 2.跳起屈体头上双手下甩实心球 3.跳深：高箱上落下，双腿起跳连续跳过两支栏架。 4.弹射式俯卧撑击掌（双脚支撑在博苏球上）	4RM×3组 4RM×3组 4次×3组 6次×3组	组间间歇2分钟，练习之间间歇3分钟	充分展髋； 躯干鞭打； 落地后迅速起跳； 把身体推起至空中击掌

续表

训练模块	练习内容	负荷安排	间歇安排	备注
能量系统发展训练	抗阻移动双手接球：对抗拴在腰部的橡胶阻力带，以教练员无规律的抛球为起动信号	30秒×2次×3组	前后两个练习间间歇20秒，组间休息2分钟	每次接球后迅速把球抛还给教练员，并移动回到起动位置
整理、放松	用泡沫轴或按摩棒做身体各主要部位的软组织按摩；或自我进行主要肌群的牵拉、放松	按摩或牵拉15～20分钟	练习之间无间歇	态度认真，动作准确到位

二、体能训练方法

（一）动作准备训练

1. 软组织激活

（1）足底激活。

动作方法：身体直立，将一只棒球置于一侧脚底，稍用力踩住棒球做前后、左右或顺时针、逆时针方向的小幅度滚动、按压。若干次后，换另一只脚练习。练习过程中重点对感觉紧张或酸痛的部位进行按压、滚动，并通过合理的重心移动控制刺激力度和部位。

（2）跟腱激活。

动作方法：坐于地面，将泡沫轴（或棒球）放在一侧小腿的跟腱下方，另一条腿直腿叠放在练习腿上，上体自然伸直，两臂略撑身体离开地面，依靠手臂的力量推动跟腱部位在泡沫轴上做小范围的前后移动，或使跟腱部位在棒球上做小幅度旋转。滚动、按压若干次后，换另一条腿重复上述练习动作。

（3）小腿肌肉激活。

动作方法：坐于地面，一腿伸直，另一腿自然屈膝，双手持按摩棒对屈膝腿小腿后侧、内侧、外侧等部位的肌肉做滚动式的按压刺激。滚动、按压若干次后，采用同样的方法换另一条腿练习。

（4）大腿前侧肌肉激活。

动作方法：双臂屈肘呈俯撑姿势，将泡沫轴放于一侧大腿前群肌肉下方，另一条腿屈腿支撑，依靠手臂的推动滚动泡沫轴，使大腿在泡沫轴上做前后移动。滚动若干次后，换另一条腿重复上述动作。练习过程中，泡沫轴应在膝与髂前上棘之间的位置滚动。

（5）大腿后侧肌肉激活。

动作方法：泡沫轴置于大腿下方，另一条腿屈膝支撑或伸直叠放在练习腿上，两臂支撑于体后。通过手臂的推动使大腿后侧紧压在泡沫轴上前后移动。移动若干次后，换另一条腿重复上述动作。练习过程中，泡沫轴应在膝盖正下方与臀部之间的位置滚动。

（6）大腿内侧肌肉激活。

动作方法：双臂屈肘呈俯撑姿势，练习一侧的腿屈髋、屈膝抬起，将泡沫轴置于大腿内侧下面，平行于躯干。借助手臂的支撑推动身体重心左右移动，带动大腿内侧压在泡沫轴上做左右方向的滚动。滚动若干次后，换另一条腿重复上述动作。

（7）大腿外侧肌肉激活。

动作方法：身体呈侧卧姿势，将泡沫轴置于练习一侧腿的大腿外侧下面，另一腿屈腿撑于地面，与练习腿同侧的手臂屈肘支持于肩下，另一臂置于胸腹前支撑。依靠支撑腿及手臂的推动使练习腿以大腿外侧肌群压在泡沫轴上做前后方向的移动。滚动若干次后，换另一条腿重复上述动作。

（8）臀部肌肉激活。

动作方法：两膝自然弯曲坐于地面，左腿抬起以踝关节靠在右膝关节上方，双手置于体后呈直臂支撑姿势并将臀部撑离地面，然后将棒球（或泡沫轴）置于左侧臀大肌下方压实，身体重心逐渐向左侧倾斜，通过身体的缓慢移动找到左侧臀部的压痛点，在压痛点处做前后、左右或顺时针、逆时针方向的移动和按压。按压痛点若干次后，换另一侧重复上述动作。

（9）腰背部肌肉激活。

动作方法：坐于地面，两膝关节自然弯曲、脚尖保持向前，泡沫轴置于身后。双手抱头，上体后仰以腰背部躺于泡沫轴上，髋关节离开地面，通过双脚的蹬伸动作推动腰背部在泡沫轴上做前后方向的移动。练习过程中，双肘应自然外展，避免因肘部朝前使腰背部肌肉紧张而影响练习效果。

（10）肩袖肌群激活（棒球）。

动作方法：身体侧卧于地面，支撑臂屈肘90度置于地面，将棒球置于支撑臂小圆肌肌腱与地面之间，缓慢移动身体位置，找准压痛点，稍加力压紧棒球，同时小臂在垂直运动面做内旋、外旋动作，可借助另一手臂的推压动作并使小臂在内、外旋转时尽量靠近地面。按压肩袖肌群若干次后，换另一侧手臂重复上述动作。

2. 关节灵活性练习

（1）胸椎灵活练习。

动作方法：跪姿俯撑。一臂屈肘提起，手扶在颈后部，然后向内旋转胸椎，以肘部触碰支撑臂的前臂内侧；接着再向外旋转胸椎至最大限度，眼睛向后上方看。若干次后，换另一侧重复上述动作。在胸椎的内旋和外旋过程中，躯干应保持伸直，使胸椎关节得到最大幅度的旋转，而髋关节尽量不发生旋转动作。

（2）肩胛灵活性练习。

动作方法：跪坐于地上，臀部靠近脚跟，体前横放一泡沫轴，俯身向下将前臂放在泡沫轴上，向前移动双臂至肩部充分伸展开，左臂外旋使掌心向上并直臂上抬、放下，然后右臂外旋掌心向上并直臂上抬、放下。在泡沫轴上后移拉起手臂，稍停，俯身重复上述动作若干次。动作完成过程中，尽量保持臀部贴住脚跟不向前移动；抬臂时，应保持上体不动。

（3）跪姿转体。

动作方法：弓步跪撑，双腿在同一条直线上，双手握一横杆置于肩上，腰背保持伸直。慢慢向左旋转上体至最大限度；稍停，再向右旋转至最大限度。若干次后，左、右腿前后交换，重复刚才的上体左、右旋转动作。旋转过程中，腰背保持伸直，髋部尽量不发生旋转动作。

3. 臀肌激活

（1）半蹲练习。

动作方法：在双腿的踝关节、膝关节上方各套上一迷你带，膝关节上方的迷你带拉力稍大（如臀肌力量较弱，也可以只在踝关节上方套上一拉力适当的迷你带）。对抗迷你带的阻力使双脚左右开立，两脚、双膝内侧间距与肩同宽，双膝及双脚的脚尖指向正前方。然后，双臂向前平行伸出，屈膝下蹲，重心后移，上体略前倾，臀肌绷紧，躯干与大腿、大腿与小腿的角度均接近90度，膝关节不超过脚尖；保持此姿势2～3秒，然后起立。重复上述下蹲动作若干次。

（2）髋关节内收、外展练习。

动作方法：双腿膝关节、髋关节戴好迷你带，在半蹲准备姿势基础上，右髋内收至最大限度，再对抗迷你带阻力使髋外展至最大限度，如此重复8～10次；然后，换另一条腿重复髋关节的内收、外展动作。内收、外展过程中，支撑脚不应挪动。动作熟练后，可同时做双侧髋关节的内收、外展动作。

（3）前向行走练习。

动作方法：给踝及膝关节戴好迷你带，半蹲，双脚前后开立约一步远，后脚脚掌蹬地推动重心前移，同时前脚向前迈出一小步，后脚再立即跟上一小步，如此前行。行走5～6米后，前后腿交换位置，重复上述动作。

还可以进行左右方向的行走。给膝、踝关节戴好迷你带，在半蹲准备姿势基础上，右腿侧向蹬地推动身体重心左移，同时抬起左脚向左迈出一步，再迅速跟上右脚，移动过程中脚尖保持向前。向左移动5～6米后，再以同样动作方式向右侧移动。为保持练习过程中膝关节间距不变，蹬地脚跟上的距离应与异侧脚迈出的距离相等，使臀肌能始终保持紧张，主动对抗迷你带的张力。

（4）腿侧向及侧后向伸展。

动作方法：给踝及膝关节戴好迷你带。单脚跳跃一小步，以另一只脚落地；接着以起跳腿对抗迷你带阻力向侧伸展至最大限度，稍停，慢慢收回；再对抗迷你带阻力向侧后方伸展至最大限度，稍停，慢慢收回。然后以支撑腿单脚跳跃一小步，另一条腿落地，重复上述腿对抗迷你带阻力侧伸和侧后伸动作。

（5）侧向爬行。

动作方法：给踝及膝关节戴好迷你带，俯撑，双脚等肩宽距离分开，保持臀肌紧张对抗迷你带张力。以双臂交叉姿势，侧向爬行。

4. 动态拉伸

（1）前抱腿。

动作方法：直立站好。一腿屈髋、屈膝、勾脚尖抬起，双手抱膝将大腿尽量拉向胸部；支撑腿伸直，脚跟不离地，脚尖指向正前方；上体保持正直。保持上述姿势2～3秒，然后换另一条腿支撑，重复上述拉伸动作。

（2）后扳腿。

动作方法：直立站好。一臂直臂上举，另一腿屈膝折叠小腿并用同侧手握住脚踝，膝关节指向地面，拉展大腿前群肌肉；支撑腿伸直，脚跟不离地，脚尖指向正前方；上体保持正直。保持上述姿势2～3秒，然后换另一条腿支撑，重复上述拉伸动作。

（3）侧扳腿。

动作方法：直立站好。一腿屈髋、屈膝成髋外展姿势提起，双手握住该侧腿的脚踝和小腿部位向上拉，拉伸该侧臀肌；支撑腿伸直，脚跟不离地，脚尖指向正前方；上体保持正直。保持上述姿势2～3秒，然后换另一条腿支撑，重复上述拉伸动作。

（4）弓步体侧屈。

动作方法：成前后弓步姿势，上体正直，双臂上举，双手在头上相握，身体向前腿同侧做体侧屈，保持2～3秒，还原成上体直立；向前跨出另一条腿成前后弓步姿势，重复双臂上举体侧屈动作。

（5）扭步蹲。

动作方法：身体直立，双臂前平举双手相握，同时一腿经体前向侧前方跨出一步并下蹲，成扭步跪撑姿势，使后腿膝关节落在前脚跟外侧，控制身体平衡。起立，后腿经体前向侧前方跨出一步并下蹲，再次成扭步跪撑、双臂前平举姿势。重复上述动作数次。

（6）侧弓步拉伸。

动作方法：两脚左右开立，两脚距离尽量宽，双臂前平举，下蹲，重心向一侧移动，落于两腿之间距的三分之二处，拉展大腿内侧；稍停2～3秒，重心移向另一侧。如此反复数次。

（7）燕式平衡。

动作方法：直立，一腿向前跨出一步，膝关节微屈；双臂侧平举，半握拳，拇指上挑；上体前倾，另一腿向后上方提起，抬头挺胸，控制身体平衡。

（8）伟大拉伸。

动作方法：在直立基础上左脚向前跨出一步成弓步，双脚脚尖指向正前方，同时右手直臂撑在左脚内侧约相当于前臂长度的距离处，后腿伸直；左臂屈肘置于左脚与右臂之间，小臂与地面平行并尽量接近地面，带动身体重心降低，上体尽量保持平直，然后身体向左侧旋转，带动左臂直臂上举，与支撑于地面的右臂成一直线，眼睛看左手；左手在左脚外侧约一个前臂长度距离处手扶地，重心逐渐后移，保持两腿伸直、双手不离开地面的姿势，拉伸大腿后群肌肉；还原到弓步姿势，上体保持直立，然后起身呈直立姿势。向前跨出右脚成弓步姿势，重复上述全部拉伸动作。

（9）手足行走。

动作方法：直立，躯干前屈、双手触及脚尖、两腿伸直，然后两手前伸触及地面，交替撑地向前爬行。两手达到俯卧撑姿势时，双臂撑住地面不动，双脚开始交替用脚掌蹬地向前移动，使臀部逐渐拱起至最大限度。然后，双臂再次交替撑地向前移动，直至俯撑姿势。蹬地移动过程中膝关节应保持伸直，成俯撑姿势时应保持头、肩、髋、膝、踝在同一条直线上。

（10）青蛙推。

动作方法：俯撑，双手之间距离与肩同宽。双脚蹬地向前跳至双手外侧落地，跳跃过程中双手不离地，双髋外展，臀部尽量下坐接近脚跟，上体直立。左手扶地，上体向右旋转，右臂随旋转的上体直臂上举，眼睛看右手；稍停，右手扶地，上体向左旋转，左臂随旋转的上体直臂上举，眼睛看左手。双手交替向前移动，还原成俯撑姿势，重复上面的青蛙式跳跃和身体左右旋转动作。

5. 动作整合

（1）原地踏步。

动作方法：支撑腿充分蹬伸，使肩、髋、膝、踝关节保持在同一直线上，摆动腿的大腿抬起至水平高度后，用力下压，尽量给地面施加最大压力，脚前掌着地后积极向上蹬伸。踏步时，手臂做自然的前后大幅度摆动，保持摆腿、摆臂和蹬伸动作的协调一致。在正确熟练掌握原地踏步动作的基础上，可在前脚掌着地后积极向上蹬伸跳起，支撑腿充分蹬伸并离地，同时保持肩、髋、膝、踝关节在同一直线上，手臂做大幅度的前后摆动，保持摆腿、摆臂和蹬伸动作的协调一致。

（2）跳步移动。

动作方法：在正确熟练掌握原地跳步及跳步动作的基础上，支撑腿积极有力地做左右向（或前后向）的蹬伸并离地，保持肩、髋、膝、踝关节在同一直线上，摆动腿用力向左右（或前后）摆动至水平高度后，用力下压，尽量给地面施加最大压力，脚前掌着地后做一垫步。跳步移动时，手臂做大幅度的前后摆动，支撑腿蹬伸时要注意保持摆腿、摆臂和蹬伸动作的协调一致。

6. 神经激活

（1）单脚交替快速踏地。

动作方法：呈半蹲姿势，听到口令后，两脚做快速的交替踏地动作，频率逐渐加快至最大。踏地时，臀部后移、臀大肌紧缩，膝关节和脚尖保持向前，摆动腿轻轻抬起，然后用力下压，尽量给地面施加压力，脚前掌着地后积极做向上的蹬抬，同时手臂做自然的前后慢速摆动，保持摆腿、摆臂和踏地蹬伸动作的协调一致。

（2）双脚快速转髋跳。

动作方法：呈半蹲姿势，听到口令后，两脚同步做4次左右方向的快速转髋跳动作，跳的频率逐渐加快至最大。转髋跳时，臀部后移、臀大肌紧缩，膝关节和脚尖保持向前，肩关节前倾，脚前掌着地时膝关节不要超过脚尖。

（3）单脚交替踏地移动。

动作方法：呈半蹲姿势，注意力集中，听到口令后，两脚做快速的交替踏地动作，同时注意观察教练员的方向指示信号，根据教练员指示的方向，做快速的单脚交替踏地移动。移动过程中配合手臂的前后自然慢速摆动，保持摆腿、摆臂和踏地蹬伸动作的协调一致。

（二）核心区稳定性/力量训练

1. 俯桥

动作方法：瑜伽垫上俯卧，以双脚脚尖和双肘构成四点支撑，躯干肌肉收紧，保持头、肩、髋、膝、踝在同一条直线上。保持此正确姿势，尽量坚持长一点的时间。如身体出现较大幅度的抖动或正确动作姿势遭到破坏，则终止练习。如能保持正确动作2分钟以上，即可进行练习难度的升级。

俯桥练习难度升级的动作方法：在俯桥基本动作的基础上，交替抬起一只手臂直臂向前伸展，稍停2秒。在抬起一只手臂形成三点支撑时，尽量控制身体不要发生旋转。如需进一步提高难度，可在俯撑基础上以两点支撑方式沿对角线方向伸展肢体，或在不稳定的支撑面上（如在平衡气垫上）完成俯桥动作。

2. 侧桥

动作方法：侧卧，一脚叠放在另一脚上，一只手臂屈肘以前臂外侧在肩下支撑身体，另一臂屈肘叉腰，髋部向上顶起至最大限度，保持头、肩、髋、膝、踝在同一条直线上。保持此姿势尽量长一点时间。如身体出现较大幅度的抖动或正确动作姿势遭到破坏，则终止练习。如能保持正确动作2分钟以上，即可升级练习难度。

侧桥练习难度升级的动作方法：成侧桥姿势，叉腰的手臂上举，上面的腿在垂直面上做抬起、收回的动作。或成侧桥姿势后，用非支撑侧手臂与同伴传、接小实心球。

3. 臀桥

动作方法：仰卧，双臂自然伸展置于体侧，与头和肩背一起形成稳定的支撑面，屈髋、屈腿，脚跟着地并尽量靠近臀部。以臀肌主导发力，使髋部向上顶起至最大限度，保持8～10秒放下。再次以臀肌为主导，顶起髋部至最大限度。重复上述动作数次。如能够很熟练、准确、轻松地完成双腿臀桥动作若干次，可升级进行单腿臀桥练习。

单腿臀桥动作方法：仰卧，双臂自然伸展置于体侧，与头和肩背一起形成稳定的支撑面，一腿屈髋、屈腿，脚跟着地并尽量靠近臀部，另一腿直腿举起。以着地腿的臀肌主导发力，使髋部向上顶起至最大程度，保持2～3秒放下。再次以臀肌为主导，顶起髋部至最大限度，保持2～3秒。重复上述动作数次，然后换另一条腿习。练习过程中将双臂交叉抱于胸前，可进一步增加练习难度。

4. 爬行

动作方法：以双手撑地且大腿与地面垂直、背部和小腿与地面平行、前脚掌着地的俯撑姿势做准备。以蹬左腿、前移右手和蹬右腿、前移左手的对角线移动方式向前爬行。爬行过程中尽量保持大腿垂直于地面，背部和小腿平行于地面的姿势。

5. 抗阻爬行

动作方法：双手持哑铃成直臂俯桥支撑姿势，头、肩、髋、膝、踝成一条直线。然后前脚掌蹬地，两臂撑铃交替向前行进，行进过程中身体始终保持一条直线。

6. 抗阻侧拉、前推

动作方法：半蹲，双手握紧弹力带于体侧做好准备。以躯干核心区力量配合手臂向异侧拉紧弹力带，稍停，然后向前做水平推至手臂伸直，稍停，回收手臂至胸前。在保持弹力带侧拉的同时，重复前推和回收动作若干次。动作过程中，身体保持正直，并避免侧向旋转。

7. 土耳其起坐

动作方法：

（1）准备姿势：仰卧，左腿屈膝，左手屈臂持哑铃。

（2）左手持哑铃直臂上举。

（3）右肘撑起身体，左臂保持直臂持铃上举。

（4）右臂伸直支撑，左臂保持直臂持铃上举。

（5）向上顶髋，保持肩、髋、膝、踝于同一平面，左臂保持直臂持铃上举，目视哑铃。

（6）向后撤右腿并屈膝支撑，呈右臂支撑下的斜向跪撑上举姿势。

（7）收起支撑的右臂，上体直立，呈跪撑上举姿势。

（8）起立呈站立单臂上举姿势。然后按顺序重复第一个的动作还原，再换成右手持哑铃、右腿屈膝的准备姿势。

8. 瑞士球俯卧屈髋

动作方法：瑞士球置于腿部下方呈俯卧姿，双臂支臂撑起身体，头、肩、髋、膝、踝成一条直线。直腿屈髋收腹回拉瑞士球，再慢慢展髋使身体成水平姿势。重复上述动作。

9. 抗阻肘膝触碰

动作方法：双膝、双手四点支撑，呈跪撑姿势，右膝压住弹力带一端，右手握住弹力带另一端，躯干平行于地面。先对抗弹力带阻力伸展右臂、左腿，稍停，收右臂与左腿，在腹下以右肘触碰左膝。然后再次，对抗弹力带阻力伸展右臂、左腿，重复上述动作。抗阻伸展、触碰若干次后，换另一侧练习。

（三）力量/爆发力训练

1. 上肢推

（1）俯撑（在稳定支撑面上）。（图4-1）

图4—1　俯撑

动作方法1：双臂以略宽于肩的距离直臂俯撑，缓慢屈肘使身体下落接近地面，稍停，快速伸展双臂将身体推起至手臂完全伸直。身体在屈肘下落及推起过程中，应始终保持头、肩、髋、膝、踝在一条直线上。

动作方法2：如果觉得俯卧撑练习比较轻松，可进行难度更大的俯卧撑推起击掌练习。双臂以略宽于肩的距离直臂俯撑，缓慢屈肘使身体下落接近地面，然后爆发式伸展双臂将身体推离地面于空中，并在空中击掌；随着身体下落，双手触地并屈肘缓冲至身体接近地面，接着再次重复爆发式伸展双臂将身体推离地面并在空中击掌。手臂在推起及落地缓冲过程中，始终保持头、肩、髋、膝、踝在一条直线上。动作熟练后可在推起至空中阶段击掌2次。

（2）俯撑（在不稳定器械上）。

动作方法1：双臂直臂撑于瑞士球上，身体平直，脚尖触地。借助躯干核心力量的控制，缓慢屈肘降低身体靠近瑞士球，再迅速伸肘将身体推起，手臂伸直。在动作过程中，头、肩、髋、膝、踝保持在一条直线上。

动作方法2：调节好悬吊带的悬挂高度及带子长度，根据队员能力选择合适的身体倾斜角度（身体倾斜度越大，练习难度越大），直臂握好悬吊带把手，屈臂慢慢加大身体倾斜角度至屈臂最大程度，再慢慢推起至手臂完全伸直。重复数次。动作完成过程中，注意保持躯干伸直，头、肩、髋、膝、踝始终成一条直线。

（3）单臂交替卧推。

动作方法：上体仰卧于练习凳上，双臂屈肘持哑铃置于体侧。一臂伸肘向上推起哑铃，直至手臂伸直，然后收回哑铃于体侧（图4-2）。交换另一侧，重复上述动作。

图4--2　单臂交替卧推

（4）双臂卧推。

动作方法：上体仰卧于练习凳上，双手以略宽于肩的距离屈臂持握杠铃于胸部。接着，快速伸展双臂，爆发式向上推起杠铃至手臂伸直，再慢慢屈肘放下杠铃置于胸部。重复上述动作。

2. 上肢拉

（1）引体向上。

动作方法：双手握于杠上，身体自然下垂，然后屈肘，双臂用力将身体拉起，直至头部超过单杠，稍停，使身体慢慢落下（图4-3）。重复上述动作。拉起过程中不要借助身体的摆动。

图4–3　引体向上

（2）斜撑单臂拉起。

动作方法：单臂支撑在凳上，使身体呈倾斜俯卧姿势，另一手直臂持哑铃（或壶铃），双脚略分开，头、肩、臀在同一条直线上。持铃臂屈肘提拉哑铃（或壶铃）靠近胸部，提拉时肘关节夹紧贴于体侧，然后缓慢放下哑铃（或壶铃）。重复上述动作。（图4–4）

图4–4　斜撑单臂拉起

（3）半蹲单臂划船。

动作方法：先根据队员能力在气动阻力练习器（KEISER）上设置合适的拉线阻力系数（或选择合适阻力的橡胶弹力带），半蹲，单手直臂水平持握气动阻力练习器拉线把手（或弹力带）于体前合适位置，然后将拉线（或弹力带）爆发式沿水平方向拉向腰侧，稍停，慢慢还原。重复上述动作。整个动作过程中肩背保持伸直，控制身体不沿垂直轴旋转。（图4–5）

图4–5　半蹲单臂划船

（4）俯撑单臂划船。

动作方法：先根据队员能力在气动阻力练习器（KEISER）上设置合适的拉线阻力系数（或选择合适阻力的橡胶弹力带），俯卧肘撑，单手直臂水平持握拉线把手（或弹力带）于体前合适位置，然后将拉线（或弹力带）爆发式沿水平方向拉向腰侧，稍停，慢慢还原，重复上述动作。整个动作过程中头、肩、髋、膝、踝成一条直线，控制身体不沿水平轴旋转。

3. 下肢推

（1）弓步交换跳及蹲跳。

动作方法：后置杠铃于肩上成弓步准备姿势，双腿蹬地向上跳起，空中两腿交换，弓步落地缓冲，重复数次。或后置杠铃于肩上，连续向上跳起和落地缓冲，重复数次。起跳和落地过程中尽量保持上体伸直。（图4-6）

图4-6　弓步交换跳及蹲跳

（2）分腿多方向蹲起。

动作方法：由直立、后置杠铃于肩上姿势开始，向前成弓步，然后还原，接着分别向后、左、右方向及侧前、侧后方向弓步并还原成直立姿势。整个动作过程中保持肩背伸直、绷紧脊柱。（图4-7）

图4-7　分腿多方向蹲起

（3）后腿抬高分腿蹲。

动作方法：双脚以适当距离前后开立，以前腿做支撑，后腿抬起脚背置于与小腿等高的凳上，双手以宽握距抓握杠铃置于肩上。慢慢下蹲至后腿膝关节触及地面上的软垫，同时前腿膝关节尽量控制在不超过脚尖的范围（可通过适当调整前脚的位置达到这个范围要求）。然后快速蹬伸前腿髋、膝、踝三关节至身体直立。下蹲和起立过程中保持双肩向后伸展、脊柱伸直并绷紧。（图4-8）

图4-8　后腿抬高分腿蹲

（4）深蹲。

动作方法：两脚开立略比肩宽，双手以宽握距抓握杠铃置于肩上，慢慢下蹲至最深处（大腿略低于水平面），然后快速伸展髋、膝、踝关节至身体直立。重复上述动作。下蹲和起立过程中保持双肩向后伸展、脊柱伸直并绷紧。（图4-9）

图4–9　深蹲

（5）跳栏架。

动作方法：半蹲准备姿势，双臂置于体后。向前上方用力摆臂，并充分蹬伸髋、膝、踝关节向前上方跳起，越过栏架，以全脚掌落地并屈髋、屈膝缓冲（图4-10）。落地动作稳定住后再次起跳，重复上述动作，如此跳跃5级栏架。动作熟练后可连续跳跃栏架。也可采用双腿侧向及单腿正向、单腿侧向跳跃的方式跳跃栏架。可通过选择不同的栏架高度调节训练难度。练习过程中应注意利用髋关节的充分伸展和及时屈曲加强起跳的发力和落地缓冲。

图4–10　跳栏架

（6）跳箱子。

动作方法：半蹲准备姿势，双臂置于体后。向前上方用力摆臂，并充分蹬伸双腿的髋、膝、踝关节向前上方跳起，以单脚落在高度适当的箱子上，落在箱子上时屈髋、屈膝缓冲，控制身体平衡。根据队员的不同能力及需要，还可采用双脚起跳、双脚落箱，单脚起跳、双脚落箱，以及单脚起跳、单脚落箱的方式进行练习。可通过选择不同高度的箱子来调节练习难度。

（7）后腿高抬单腿连续跳。

动作方法：后腿抬起以脚背置于高度适当的箱子上，下蹲后单腿快速伸髋、伸膝、伸踝向上跳起，跳起在空中时用起跳腿的脚跟触碰臀部，落地屈髋、屈膝缓冲后再立即起跳，重复上述动作。

（8）连续左右侧向跨跳。

动作方法：半蹲准备姿势，两腿交替侧向爆发式蹬地，连续左右侧向跨跳，配合手臂摆动。动作应连贯、协调。

（9）跳深。

动作方法：从适当高度的箱子上自由落下，然后立即起跳，连续越过3个栏架等障碍。起跳动作应充分伸展髋、膝、踝关节，落地、起跳协调、连贯。

（10）抗阻垂直跳。

动作方法：选择阻力适当的橡胶阻力带并固定于腰部两侧。屈髋、屈膝下蹲，手臂预摆至体后两侧，然后快速伸展髋、膝、踝关节向上跳起，配合手臂的猛烈向上摆动。落地缓冲后再立即跳起，重复数次。练习过程中应注意利用髋关节的充分伸展和及时屈曲加强起跳的发力和落地缓冲动作效果。

（11）立定跳远。

动作方法：原地站好，然后下蹲、手臂后摆，双脚爆发式蹬地向前上方跳起，配合手臂猛烈前摆，在空中展腹、收腿，双腿前伸，落地缓冲。

（12）负重纵跳。

动作方法：穿上合适重量的沙衣，原地连续垂直跳起。起跳时充分蹬伸髋、膝、踝关节，配合手臂的协调摆动；落地时积极屈髋、屈膝缓冲。

（13）立定三级蛙跳。

动作方法：立定站好，然后下蹲、手臂后摆，双脚爆发式蹬地向前上方跳起，落地缓冲后连贯进行第二次双脚起跳、落地和第三次双脚起跳、落地。起跳过程中充分伸展髋关节，用力向前摆臂，蹬地、摆臂协调配合。

4. 下肢拉

（1）仰卧勾腿。

动作方法：仰卧，肩背部着地，双臂置于体侧，双脚置于瑞士球上。以股后肌群为主导发力，屈膝向身体方向拉瑞士球，双髋向上顶起，使肩、髋、膝、踝处于一条直线，保持臀大肌收紧，然后复原。重复上述动作，保持动作连贯、流畅。（图4-11）

图4-11　仰卧勾腿

（2）硬拉。

动作方法1：屈膝半蹲，重心后移，躯干伸直，双手抓握置于脚前地面上的杠铃做好准备。以臀肌和股后肌群为主导发力蹬伸双腿，将杠铃沿垂直轴贴近身体拉起，背部保持伸直，脊柱绷紧。（图4-12左）

动作方法2：先单手持哑铃直立站好；然后以持哑铃手臂同侧腿做支撑腿并稍弯曲，身体前倾令同侧手臂垂直于地面持握哑铃，伸展异侧手臂和腿使它们与前倾的身体成一条直线；接着迅速以支撑腿的臀肌和股后肌群为主导肌群发力，站直身体。（图4-12右）

图4-12　硬拉

5. 全身性力量/爆发力

（1）悬垂高翻跳。

动作方法：半蹲，以宽握距将杠铃悬垂置于大腿上，背部保持正直。快速蹬地，充分伸髋、膝、踝三关节向上跳起，在空中将杠铃沿身体向上提拉至胸前并向上翻起，双脚落地的同时上举杠铃呈半蹲上举姿势。跳起及落地过程中保持背部伸直、挺胸。（图4-13）

图4-13　悬垂高翻跳

（2）单臂摆。

动作方法：半蹲，单手直臂持壶铃置于胯下稍后位置。蹬地，充分伸展髋、膝、踝三关节，带动持铃的手臂及壶铃向前上方摆起，在壶铃摆至腹前稍过一点的位置时配合向前顶髋动作。摆至肩部高度后，借助壶铃的重力作用及其下落惯性下蹲并使持铃手臂及壶铃回摆至胯下稍后位置。然后重复上述蹬地、摆动动作。整个蹬、摆动作过程中应保持背部伸直，全身协调用力，切勿只用手臂力量。（图4-14）

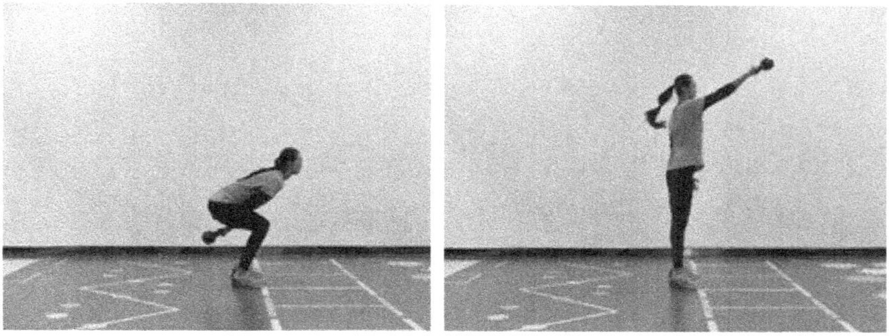

图4-14　单臂摆

（3）下甩重物。

动作方法：身体直立，双手持实心球于头后上方。用力蹬地跳起，在空中猛烈屈髋收腹，向前下方挥动双臂同时甩腕，将实心球用力甩向地面。（图4–15）

图4–15　下甩重物

（4）上抛重物。

动作方法：半蹲准备姿势，双手持球于胸前。然后蹬地，充分伸展髋、膝、踝关节，配合伸臂、展腹，利用全身的协调发力将实心球向上快速抛出。

6. 旋转性力量/爆发力

（1）跪姿下砍练习。

动作方法：前后分腿跪撑，两腿的大小腿夹角均为90度，上体直立，背部平直，臀大肌收紧。双手直臂将实心球举至头部侧上方（与前腿同侧），然后向侧下方做爆发式转体劈砍动作，将实心球砸向体侧地面。动作过程中控制躯干的稳定，尽量避免随下砍动作出现身体的晃动。

（2）侧抛练习。

动作方法：侧对墙壁2米左右半蹲，双手持实心球于体侧，重心移向持球一侧支撑腿。以蹬地、转髋动作带动双臂将实心球沿水平方向爆发式抛出，并顺势接住从墙上回弹的实心球，恢复至准备姿势，再次蹬地、转髋爆发式抛出实心球。（图4-16）

图4-16　侧抛练习

（3）侧推练习。

动作方法：距墙2米左右，侧向半蹲站立，一手托住实心球的球体下部，一手扶在球后面，持球于体侧，重心落于扶球手同侧的支撑腿上。以蹬地、转髋和手臂前推动作将实心球沿水平方向爆发式推向墙壁。重复上述动作数次。

（4）蹲姿上提练习。

动作方法：先根据队员能力在气动阻力练习器（KEISER）上设置合适的拉线阻力系数（或选择合适阻力的橡胶弹力带），半蹲，双手持握拉线把手（或弹力带）于腹前，然后爆发式蹬地、转体，向侧上方拉动拉线（或弹力带）至肩部高度。稍停，慢慢还原，重复上述动作。整个动作过程中肩背保持伸直。

（四）速度训练

1. 抗阻移动

动作方法：练习者腰部后面系上阻力带，同伴在后面拉住，保持适当阻力。练习者先直体向前倾倒身体至大约60度，然后对抗阻力带阻力加速向前奔跑（图4-17）。也可以将阻力带固定在腰部侧面，通过侧蹬和侧向跨步对抗阻力进行侧向移动。练习过程中，同伴通过阻力带施加给练习者的阻力要适当，练习者在跑动或移动过程中要保持躯干伸直。

图4-17　抗阻移动

2. 沙地折返跑

动作方法：从沙滩排球场地的一侧边线出发，快速跑到另一侧边线，然后折返跑回。重复2次。

3. 沙地侧向交叉步移动

动作方法：从沙滩排球场地的一侧边线出发，运用交叉步快速移动到另一侧边线，然后以交叉步侧向移动回来。重复2次。

4. 沙地前后移动

动作方法：从沙滩排球场地端线外起动，快速移动到网前，起跳做徒手拦网动作。落地后，运用交叉步后撤（面向球网）至距端线2米左右的地方，做徒手垫球动作，然后再次快速移动到网前起跳做徒手拦网动作，落地后交叉步后撤至距端线2米左右的地方。

（五）平衡及稳定性训练

1. 不稳定平面上单腿站立转头

动作方法：单脚站在平衡气垫上，另一条腿屈膝提起。慢慢向左、向右旋转头部，保持身体的平衡及稳定。

2. 单腿站立抛、接重物

动作方法：3～4人一组，单脚站立，围成圆圈，互相抛、接重量合适的实心球等重物。如果平衡控制能力足够好，还可单脚站在平衡气垫等不稳定平面上抛、接实心球。球可机动抛给任何人，且抛球可以高低、前后、左右变化，或结合假动作。抛、接过程中注意利用躯干核心区力量保持身体的平衡和稳定。

3. 单腿站立对抗无序外力

动作方法：2人一组，练习者单脚站立，双手握住迷你带的一端，同伴单手握住迷你带的另一端。同伴通过无序拉动迷你带试图使练习者失去平衡，练习者则充分利用躯干深层肌肉的核心力量，力求保持身体的平衡和稳定。

4. 不稳定平面上单腿站立触摸标识物

动作方法：单脚站在平衡气垫等不稳定平面上，下蹲依次触摸地面上的标识物。每次触摸标识物后应先站立，再下蹲去触摸另一标识物。蹲、起触摸标识物过程中尽量控制身体的平衡和稳定。

5. 单脚跳上不稳定平面

动作方法：练习者站在距不稳定平面（如平衡气垫）半米左右的地方，单脚跳上不稳定平面，并控制身体的平衡和稳定。可以从任意方向跳上平衡气垫。

（六）耐力训练

1. 沙地20米慢速间歇式折返跑

以55%～65%最大心率（220次-年龄）的练习强度，在沙地上距离20米的两点间进行间歇式折返跑。每折返1次间歇15秒。可根据情况持续练习20～30分钟。

2. 沙地25米全速间歇式折返跑

以最快速度在沙地上距离25米的两点之间进行间歇式折返跑。两点之间以最快速度折返1次间歇15秒。每折返5次为一组，组间间歇2分钟。可根据情况进行3～4组练习。

3. 绕场地快速跑

绕沙滩排球场地连续快跑5圈为一组，然后间歇3分钟。可根据情况进行3～5组练习。

（七）再生训练

1. 肌肉拉伸

（1）臀肌及躯干拉伸练习1。

动作方法：跪坐于体操垫上，俯身，两臂前伸，深吸气，放松肌肉，找到身体的紧张区域。重心前移，呈俯撑展体姿势，深呼气，拉紧臀肌，伸长颈部，打开胸部。慢慢左、右转体，转体前吸气，转体时呼气，拉紧臀部，身体保持较高位置。保持俯撑展体姿势，再一次深吸气、深呼气，找到身体的紧张区域。深吸气一次，回到起始位置。重复上述动作，直到紧张区域消失。

（2）臀肌及躯干拉伸练习2。

动作方法：双腿一前一后，成弓步跪撑姿势，上体自然伸直，与前腿相对一侧的手臂前伸，收缩后腿的臀肌，膝关节不超过脚尖。重复前面的其他动作，但手臂经头上侧向伸展，躯干伸直。将前脚着地点向外侧移动20～30厘米，重复前面的向前及向侧伸展动作。

（3）臀肌及躯干拉伸练习3。

动作方法：屈膝坐在体操垫上，双臂撑于体后两侧，右腿屈膝提起，髋外展，将脚踝搭靠在左腿靠近膝关节的位置。深吸气，胸部打开，右膝压向地面。以双手抱住左侧大腿靠近膝关节处，上体后倒，以头、肩、背着地躺在垫子上，闭眼，深呼吸。

（4）臀肌及躯干拉伸练习4。

动作方法：仰卧，左臂侧平举置于地面，左腿屈髋、屈膝90度提起，右手扶住左膝压向右侧地面。闭眼，深呼吸，放松，两侧肩胛都应靠在垫子上。保持上述姿势，将右臂侧平举置于地面。吸气，左臂经头上向右臂摆动，在身体右侧与右手合掌；呼气，左臂经头上向左摆动，还原到左臂侧平举位置。吸气，放松；呼气，右手将左膝压向身体右侧地面，左手拉住左脚，双侧肩胛保持与垫子的接触，闭眼，放松换另一侧重复上述各个练习动作。

（5）臀肌、腘绳肌、背肌拉伸练习。

动作方法：仰卧于体操垫上，屈膝，在胸前用双手抱住双腿，深呼吸，放松，拉展臀部和后背。闭眼，伸直一条腿，抱住另一条腿靠近胸部，拉展臀肌。换另一条腿，重复臀肌拉伸动作。仰卧，头、肩部靠紧垫子，一腿伸直置于地面，双手抱住另一条腿的腘窝将大腿拉向胸部，勾脚尖，伸展该腿，拉伸腘绳肌。换另一条腿，重复拉伸腘绳肌动作。抬起上体，一条腿伸直置于地面，抱住另一条腿，拉伸股后肌群和背部肌群。换另一条腿，重复拉伸股后肌群和背部肌群动作。仰卧，屈髋、屈膝，双手扶住膝部，向外展髋至最大程度，保持此姿势，深呼吸，放松，注意力集中在身体的放松上。

2. 软组织按摩

与“动作准备”部分的软组织练习相同。

第五章　沙滩排球技战术训练周期设计

一、相关理论学说

苏联的莱图诺夫（Letunov）和普洛考普（Prokop）分别在1950年和1959年从运动医学的角度对训练过程进行了阶段划分，首次提出，运动员竞技状态的形成具有“训练水平上升阶段、竞技状态阶段和训练水平下降阶段”并循环往复的周期性特点。马特维耶夫借鉴了他们的研究成果，提出了“训练分期”理论。马特维耶夫对周期训练理论的主要贡献是从训练学的角度给不同训练阶段赋予了实际的内容，设定了各阶段的宏观训练目标、任务和内容，形成了训练周期的特定“模式”。

马特维耶夫理论认为，一个训练大周期的构成包括运动员竞技状态的形成、保持和消失三个阶段，与其相对应的是准备时期、比赛时期和恢复时期。

训练大周期时间的确定是以成功参加1～2次重大比赛为目标而设计。时间的确定通常采用体现目标控制思想的“倒计时”填充方法，以主要比赛日期为标定点，向回程方向依次确定主要比赛阶段和比赛时期，以及完整的训练大周期。

（1）确定主要比赛日期：由竞赛日程所确定。

（2）确定主要比赛阶段：围绕比赛日确定比赛阶段。常规大周期，比赛阶段持续4～6周，在主要比赛日后约一周结束。

（3）确定比赛时期：在主要比赛阶段前面加上一个4～6周的热身比赛阶段，两个阶段合起来就组成了比赛时期，总时间为8～12周。其间要注意安排必要的热身赛。

（4）确定整个训练大周期：在比赛时期前面加上6～12周的准备时期，后面加2～4周的恢复时期，就构成一个16～28周的训练大周期。

制订年度训练计划的基本要素为：

（1）运动员起始状态的诊断。

（2）确定训练指标。

（3）划分训练阶段，提出各训练阶段的主要任务。

（4）确定实现目标的基本对策。

（5）安排比赛序列。

（6）规划训练负荷的动态变化趋势。

（7）选择训练方法和手段。

（8）确定各手段、练习的负荷要求。

（9）制定恢复措施。

（10）规划检查评定训练效果的内容、时间及标准。

马特维耶夫的运动训练分期理论诞生之初，得到了许多运动训练理论工作者和教练员的认同，并在实践中广泛应用，但随着实践活动的变化，其理论的科学性不断受到质疑和挑战。质疑者认为：

——“训练分期”理论缺乏基础理论和实验的支持。

——“训练分期”理论已不适应赛制的发展，运动员已不再对每一次比赛进行专门的准备，而将一部分比赛作为提高训练强度的一种手段。在我国，那些以“训练周期”理论占主导地位的体能类项目的运动成绩与世界水平存在明显的差距。

——长期的训练使运动员已经对一般的训练方法和负荷产生了

适应，只有那些针对性强的训练手段和科学的负荷才能进一步提高运动成绩。显然，如果在高水平训练阶段仍然遵循马特维耶夫的周期理论，在占训练时间最长的准备期以低强度和一般的训练内容为主，则不可能使机体受到适宜的刺激，也不会获得良好的机能储备。另一方面，长期脱离专项的训练手段和负荷不仅不会有效地提高运动员的专项运动成绩，反而会使机体在形态、结构和功能上朝非专项的方向发展，导致专项能力的下降。

另一些学者坚持认为，马特维耶夫分期理论有着科学的基础与实践的支持。姚颂平认为，对马特维耶夫教授学术思想“非议”的原因是没有认真研究、全面准确地理解马特维耶夫的学术思想，多数情况下是在误解、曲解，甚至断章取义、以偏概全的情况下加入了反对马特维耶夫“学术思想”的行列，并通过马特维耶夫科学研究的态度、一般训练与专项训练的辩证关系、竞技状态的定义等来批驳、否认马特维耶夫的学术观点。还有部分学者从辩证唯物主义哲学的角度认为：对待马特维耶夫分期理论应遵循历史和逻辑相统一的观点、辩证的观点、对其科学的部分进行继承和发扬，对其不足的部分进行摒弃，完全否定和完全肯定的观点都是偏激的，是不符合科学的学术研究态度的。

田麦久认为，对周期问题的争论，无论将训练过程划分为多少个阶段，无论各个阶段训练的内容和负荷有什么不同，为成功参加一次或一组重要比赛而组织的训练过程仍然包括“准备性”“竞赛性”和“休整或过渡性”三种基本性质的阶段，训练的周期性安排是不会改变的，运动训练过程永远会展现着循环往复的周期性特性，但在训练分期、周期结构、训练内容、训练负荷安排等多个方面都不断地会有新的发展。

关于运动训练的“板块结构”理论源于地理学的板块学说。倪俊嵘等认为："板块结构"理论的基本内容是：相对于传统训练周期理论在准备期中平行发展多种身体素质，"板块结构"则集中在3～4周内有选择性地确定较少的需要达到的训练发展目标（不超过2个），使高水平运动员在相对集中的时间内，接受单一的或是两个比较大的训练刺激，并且便于在每个训练板块中通过身体素质、比赛结果和生理、生化医学指标检验训练效果。3～4个这样的板块构成了单个训练阶段，同时在年训练周期中通过较高的训练负荷完成训练目标的转换，完成基础训练和专项训练的准备，完成各项赛事的检验。

小周期理论是以"训练周"作为一个独立的单元，把它作为计划的核心。它的特征是更加重视小周期的独立性、强化训练操作的实效性，有利于培养运动员适应连续比赛的能力。张庆文在对刘翔训练的研究中发现，刘翔的训练安排是淡化大周期、强化小周期，小周期是训练计划的核心。他认为正是小周期、短节奏、多课次的特点，使得刘翔增强了对比赛的适应能力，同时也有利于他在频繁的赛事中保持良好的竞技状态。针对这种小周期安排，刘建和指出：这种提法同基于全年周期"三阶段划分说"和竞技状态形成"三时相说"的传统小周期训练内容安排理论大相径庭。

二、沙滩排球训练计划周期设计

（一）四年周期安排

第一年：室内基本技术，正确动作定型，身体训练全面打基础，重点是灵敏、协调、柔韧性。

第二年：上沙训练基本功，强调脚下和身体重心，身体训练在全面打基础的同时结合沙滩专项跑跳和专项移动。

第三年：掌握沙滩排球基本打法，简单配合，有机会多参加比赛，人员确定好位置打法，分开前、后排专位训练。身体训练专项力量和躯干力量。

第四年：熟练、细化基本功的同时增加强对抗的次数，要求来回球过程中提高转换速度，注重意识培养，还是脚下和身体重心非常重要，在回合多的情况下，体能下降会导致技术动作变形，所以体能需提高连续跳跃和连续起动能力，达到在混合供氧的条件下给对手致命一击。

（二）月训练计划

三周上量+一周调整。无论是技术还是身体，都要循序渐进地打好基础，通过数量、组数的积累，达到质的飞跃。

（三）周训练计划

每周三次体能训练，安排在周一、周三、周五上午，周一安排绝对力量，技术水平的提高需要力量做保障，周三安排关节稳定性力量、躯干力量防伤防病，周五安排专项力量，一周技术课后体能需要充电，为下一周做好铺垫。

周一、周三、周五下午的技术课，快速有效地配合训练，同伴之间的相互调动，把上午练的力量用在球场上，变成活力量。

周二、周四、周六的全天技术训练，通过一晚上的睡眠修整，上午精力充沛，安排强对抗训练效果最佳，下午安排轻技术，双人简单配合。

八一沙滩排球女队周训练计划表

时间 星期	星期一	星期二	星期三	星期四	星期五	星期六	星期日
任务	技术：1. 根据大满贯赛的数据统计，增加专人专位的针对性、模拟性训练；2. 加强各项基本功的细化训练；3. 提高发、垫、扣、拦、防的质量标准；4. 增加对攻串联的快节奏训练 体能：1. 加大强度力量和爆发力训练；2. 强化专项力量和专项素质训练；3. 重视伤病情况，个别队员个别对待加练 作风：1. 严抓队伍管理；2. 培养队员好胜心；3. 全队齐心协力，全力备战6月的比赛；4. 赛前避免非战斗性减员，培养运动员的专业素养 周训练负荷：大					周训练时数：28小时	
早晨	打扫卫生	打扫卫生	打扫卫生	打扫卫生	打扫卫生	打扫卫生	
上午	9：00技术训练 1. 脚步训练 2. 基本功 3. 专位技术	9：00体能训练 1. 爆发力训练 2. 专项素质 3. 基本功	9：00技术训练 1. 脚步训练 2. 基本功 3. 对攻训练	9：00体能训练 1. 关节稳定性力量训练 2. 专项素质 3. 基本功	9：00技术训练 1. 脚步训练 2. 基本功 3. 发球、接发球 4. 专位技术	9：00技术训练 1. 脚步训练 2. 基本功 4. 模拟比赛	8：00打扫卫生 9：00业务学习 观看国际比赛录像
下午	15：00技术训练 1. 脚步训练 2. 基本功 3. 发球、接发球 4. 对攻训练	14：00技术训练 1. 脚步训练 2. 基本功 3. 一攻、再攻、再再攻	15：00技术和体能 1. 脚步训练 2. 发球、接发球 3. 专位技术 4. 专项素质	14：00业务学习 观看国际比赛录像	14：00技术训练 1. 脚步训练 2. 基本功 3. 模拟比赛	15：00体能训练 1. 转向力量 2. 专项素质基本功	14：00业务学习 观看国际比赛录像
晚上	伤病队员各自针对性静力训练	伤病队员各自针对性静力训练	伤病队员各自针对性静力训练	伤病队员各自针对性静力训练	伤病队员各自针对性静力训练	伤病队员各自针对性静力训练	休息

教练：王菲

八一沙滩排球女队周训练计划表

<table>
<tr><td rowspan="2">任务</td><td colspan="6" rowspan="2">1.调整赛前状态，使运动员在赛中更好地克服不利因素，充分发挥自身潜能，创造优异成绩
2.结合实战，制定训练指标、任务，提高训练质量
3.以赛代练，针对比赛出现的问题，制定个人训练项目。
4.认真研究训练、比赛录像，做到知己知彼
周训练负荷：中</td><td colspan="2">周训练时数：25小时</td></tr>
<tr><td></td><td></td></tr>
<tr><td>时间
星期</td><td>星期一</td><td>星期二</td><td>星期三</td><td>星期四</td><td>星期五</td><td colspan="2">星期六</td><td>星期日</td></tr>
<tr><td>早晨</td><td>打扫卫生</td><td>打扫卫生</td><td>打扫卫生</td><td>军事操</td><td>打扫卫生</td><td colspan="2">打扫卫生</td><td></td></tr>
<tr><td>上午</td><td>8：30赛前动员
11：00周会</td><td>9：00技术训练
1. 脚步训练
2. 基本功
3. 模拟比赛
4. 个别对待</td><td>9：00技术训练
1. 脚步训练
2. 基本功
3. 发球、接发球
4. 一攻对抗</td><td>9：00技术训练
1. 脚步训练
2. 基本功
3. 模拟比赛个别对待</td><td>9：00技术训练
1. 脚步训练
2. 基本功
3. 发球、接发球
4. 对抗训练</td><td colspan="2">9：00技术训练
1. 脚步训练
2. 基本功
3. 模拟比赛
4. 个别对待</td><td>8：30业务学习观看比赛录像</td></tr>
<tr><td>下午</td><td>15：30技术训练
1. 脚步训练
2. 基本功
3. 发球、接发球
4. 专位技术</td><td>14：00体能、技术
1. 核心力量
2. 专项素质
3. 基本技术</td><td>15：30体能训练
1. 强度力量与爆发力
2. 专项素质</td><td>14：00业务学习
观看比赛录像
15：30体能训练</td><td>15：30体能训练
1. 关节稳定性力量训练
2. 专项素质</td><td colspan="2">14：00业务学习
观看比赛录像
15：30体能训练
有氧耐力</td><td>休息</td></tr>
<tr><td>晚上</td><td>伤病队员各自针对性静力训练</td><td>伤病队员各自针对性静力训练</td><td>伤病队员各自针对性静力训练</td><td>伤病队员各自针对性静力训练</td><td>伤病队员各自针对性静力训练</td><td colspan="2">伤病队员各自针对性静力训练</td><td>休息</td></tr>
</table>

教练：王菲

八一沙滩排球女队周训练计划表

任务	认真研究比赛录像，增加业务知识学习 巩固专项力量和专项素质训练 全面强化个人专项技术能力 周训练负荷：小					周训练时数：20小时	
时间 星期	星期一	星期二	星期三	星期四	星期五	星期六	星期日
早晨	打扫卫生	打扫卫生	打扫卫生	军事操	打扫卫生	打扫卫生	
上午	9：00技术训练 1. 脚步训练 2. 基本功 3. 发球、接发球	9：00技术训练 1. 脚步训练 2. 双人上球 3. 基本功 4. 发球、接发球	8：00治疗 9：00业务学习 10：30个别对待	9：00技术训练 1. 基本功训练 2. 单人防守 3. 拦网、防 4. 守队员专位技术训练	8：00治疗 9：00业务学习 10：30个别对待	8：30技术训练 1. 脚步训练 2. 基本功 3. 串联对抗	年轻队员个别对待
下午	16：00技术训练 1. 基本功训练 2. 单人防守 3. 拦网、防 4. 守队员专位技术训练	14：00治疗 15：00比赛总结 16：30个别对待	16：00体能训练 1. 基本技术训练 2. 核心力量训练	14：00治疗 15：00业务学习 16：30个别对待	16：00体能训练 1. 基本技术训练 2. 关节稳定性力量训练	16：00技术训练 1. 脚步训练 2. 双人上球 3. 专项素质	休息
晚上	伤病队员各自针对性静力训练						

教练：王菲

参考文献

[1]程冬美. 运动训练理念探析[J].广州体育学院学报，2008（1）.

[2]张庆春.青少年足球训练理念与实践[M].北京：北京体育大学出版社，2008.

[3]钟秉枢.教练员的工作目标与角色定位[J].中国体育教练员，2009

[4]田麦久.运动训练学[M].北京：人民体育出版社，2002.

[5]刘丹.球类训练理念批判[M].北京：北京体育大学出版社，2005：32–46.

[6]陈小平.竞技运动训练实践发展的理论思考[M].北京：北京体育大学出版社，2008.

[7]李根.我国田径教练员训练理念在训练工作中体现特征的研究[D]. 北京：北京体育大学，2012.